KB112364

군,
우리의 가장
가까운 미래

군, 우리의 가장 가까운 미래

발행일	2016년 11월 4일		
지은이	서 준 혁		
펴낸이	손 형 국		
펴낸곳	(주)북랩		
편집인	선일영	편집	이종무, 권유선, 안은찬, 김송이
디자인	이현수, 이정아, 김민하, 한수희	제작	박기성, 황동현, 구성우
마케팅	김회란, 박진관		
출판등록	2004. 12. 1(제2012-000051호)		
주소	서울시 금천구 가산디지털 1로 168, 우림라이온스밸리 B동 B113, 114호		
홈페이지	www.book.co.kr		
전화번호	(02)2026-5777	팩스	(02)2026-5747

ISBN   979-11-5987-215-0 03320 (종이책)
        979-11-5987-216-7 05320 (전자책)

이 도서의 국립중앙도서관 출판예정도서목록(CIP)은 서지정보유통지원시스템 홈페이지(http://seoji.nl.go.kr)와 국가자료공동목록시스템(http://www.nl.go.kr/kolisnet)에서 이용하실 수 있습니다.
(CIP제어번호 : CIP2016026441)

(주)북랩 성공출판의 파트너
북랩 홈페이지와 패밀리 사이트에서 다양한 출판 솔루션을 만나 보세요!
홈페이지 book.co.kr   1인출판 플랫폼 해피소드 happisode.com
블로그 blog.naver.com/essaybook 원고모집 book@book.co.kr

일반 병사들과 초급간부를 위한 100% 군 생활 지침서

군, 우리의 가장 가까운 미래

서준혁 지음

북랩 book Lab

추천사

2011년 6월의 어느 날, 초임장교들의 전입신고를 받고 대면할 때만 하더라도 서준혁 소위는 갓 전입 온 많은 초임장교 중 다소 활발하고 재미있는 한 명일 뿐이었다.

하지만 그의 지휘관으로서 1년 동안 함께 생활하면서 자연스럽게 병영생활에 대해서 많은 대화를 나누게 되었으며 다른 간부들과는 병영생활을 대하는 태도가 다르다는 생각을 하게 되었다.

그는 병사에 대한 일반적인 간부들의 인식이나 관심의 수준을 넘어 새로운 병영생활의 비전을 제시하고자 하는 꿈이 있었다. 우리 선배들이 피와 땀으로 지켜온 군이라는 집단을 진일보시키기 위한 자신만의 비전을 가지고 있었다.

이 책의 필자인 서준혁 대위는 이러한 자신의 비전을 실현하기 위해서 소대장 때부터 병사들을 이해하기 위해 각고의 노력을 하였다. 자신의 시간을 할애하여 병사들의 생활 중심에서 그들을 주의 깊게 관찰하였으며 새롭게 변화된 병사들과 기존 간부들이 만들어가는 병영생활의 다양한 모습을 피부로 느껴왔다. 이 책은 그러한 긴 시간의 관찰과 고민들의 중간산물이라고 이야기할 수 있을 것이다.

우리 대한민국은 여러 분야에서 과도기의 과정을 겪고 있는데 사회의 일부인 군 역시 동일한 어려움에 직면하고 있다. 과거와는 확연히 다른 구성원들이 만들어 내는 '히키코모리' '오타쿠' 등의 불협화음은 비단 사회에서뿐만 아니라 군에서도 역시 큰 위험요소로 작용하고 있다. 지금까지 그 누구도 겪어보지 못한 문제들이 이제 곧 우리를 위협하게 될 것이다. 그리고 그 위협은 지금까지 우리가 대비했던 외적인 부분이 아니며 조직의 내적인 문제라는 점에서 더욱 우리에게 두려움으로 다가온다.

새롭게 바뀌어 가는 군의 구성원에 대한 고민을 시작할 최적의 시기이다. 우리는 새로운 병영문화 창출의 숙제를 다음 세대에게 미룰 수 없다. 또한 새로운 병영문화를 만들어 후배들에게 전해주어야 한다. 나는 새로운 병영문화를 만들어가는 데 있어 이 책이 해답을 줄 수는 없더라도 최소한 함께 고민하고 정답을 찾아가는 방향을 제시해주는 유용한 도구로 활용될 수 있음을 확신한다. 선진병영문화 창출에 관심 있는 많은 분의 일독을 기대하며 이 책을 집필하는데 고생한 서준혁 대위 내외와 그 가정에 항상 행복이 가득하길 진심으로 희망한다.

대령 **박춘식**

소개의 말

대한민국 남성이라면 누구에게나 '국방의 의무'가 주어진다. 젊고 한창일 나이에 2년 동안(과거에는 3년) 자신이 하던 일들을 멀리하고 나라를 지키기 위한 봉사를 2년 동안 한다는 것이 쉬운 일만은 아니다. 특히 활동적이고 사회 경험이 그다지 많지 않은 20대 초반의 나이에는 더욱 그러할 것이다. 세계에서 유일한 분단국가인 대한민국의 현 상황을 보면 국방의 의무를 없앨 수도 없는 것이 현실이다. 특히 북한의 핵폭탄 개발을 계속하고 있으며, IBM(대륙간 탄도미사일, Intercontinental Ballistic Missile), SLM(잠수함 발사 미사일, Submarine-launched Missile) 등 치명적이고 다양한 공격무기 개발에 열을 올리고 있는 북한을 앞에 두고 국민과 군인들의 안전에 빈틈을 보일 수 없는 상황이다. 이런 상황에서 저자의 '군녀와 나 대한민국의 자화상'은 적절한 시기에 꼭 필요한 내용을 담고 있는 책이라 생각한다.

내가 논산훈련소에 입대한 것이 1990년 12월이었다. 대학교 1학년 2학기를 마무리하고 급하게 입대를 하였다. 훈련소에서는 수도권, 영남권, 호남권, 충청권, 강원권, 제주 등 가보지도 못했던 지역에서 살던 사람들을 만나는 곳이었고, 대학생, 직장인 등 사회에서 다양한 일을 하는 사람들이 모이는 곳이었다. 서로 다른 생활환경에서 20년 정도를 살다 군대라는 틀이 있는 곳에 모이다 보니 생각의 차이, 행동의 차이가 서로를 불편하게 만들기도 하고 서로를 이해하지 못하는 상황이 벌어지기도 했었다.

이 책에서도 저자는 병영 내부에서 일어나는 다양한 갈등에 대해 이야기하고 있다. 그 중 '왕따'에 대해 언급하며 왕따의 원인, 피해자와 가해자의 심리적 요인, 왕따 문화가 군 내부에 끼치는 영향 그리고 군에서 시행하고 있는 자구책들 등을 이야기하고 있다. 저자인 서준혁 대위는 현역 군 장교로서 현장에서 듣고 겪은 일들을 바탕으로 사소해 보이는 병영문제도 흘려보냄 없이 문제 해결을 위해 고민하고 있었다.

연애할 때 남자들이 상대방 여자에게 하지 말아야 할 이야기가 군대 이야기, 축구 이야기라고 한다. 군대에서 축구를 했었던 이야기는 최악으로 꼽히기도 한다. 군대를 마친 남성들이라면 군에서 무엇인가를 꼭 배우고 나온다. 소총 쏘는 법, 대포 쏘는 법, 탱크 운전하는 법 등 기술적인 부분도 있겠지만 가장 중요한 '인간관계'에 대한 학습이다. 남자들이 군에 가기 전까지는 주로 수평적인 사람과의 관계가 많다. 물론 부모님, 선생님, 삼촌, 학교 선배 등 수직적인 관계도 존재했지만 '사랑'이라는 이름으로 또는 만나는 빈도수가 적기에 수직적인 관계라고 이야기하기 어려운 부분이 있다. 하지만 군에서는 동기들 간의 수평조직도 있지만 그보다는 선임과 후임, 그리고 병사와 간부의 수직적 관계가 더 명확하다. 20년을 수평적인 관계에서 살았지만 군이라는 조직으로 오면서 수직적인 조직, 그 와중에 가장 낮은 상황을 겪게 된다.

서준혁 대위는 이 책에서 내무반 생활을 사회생활과 가장 큰 차이로 보고 있으며 내무반 생활에 있어서 간부의 역할과 중요성에 대해 이야기 하고 있다. 올바른 간부가 되기 위해 올바른 간부의 역할에 대한 지식을 간부가 되기 전에 습득할 필요가 있고, 간부는 성숙하고 완벽한 존재이며 병사들은 간부에 종속된 미숙한 존재라는 생각에서 벗어나야 하며, 간부가 되면 병사들과 자연스럽게 신뢰관계가 형성될 것이라는 오류에서 벗어나야 하고, 자신의 병력들은 다른 병사들과 다르게 만들어야 한다는 강박관념에서 자유로워야 한다고 이야기하고 있다. 그리고 이 책을 통해 간부의 책임, 간부의 멘토역할, 완벽한 간부의 딜레마, 간부의 마음가짐 등을 이야기하며 강력한 전투력을 키우기 위한 간부의 역할을 제시하고 있다.

많은 사람은 리더십을 가진 사람이 지도자가 되기를 원한다. 전장에서 생사를 걸고 의사결정을 해야 하는 상황에서는 더욱 그러하다. 하지만 이 '리더십'이라는 것은 양날의 칼과 같아서 너무 강하면 타인들이 불편하고 너무 약하면 지도자로서의 역할을 하지 못하게 된다. 군내에서 리더십은 간부들에게는 필수 덕목이라 할 수 있다. 하지만 군 내부에서 리더십이 너무 강하게 표출될 때 병사들은 힘들어하고 사기가 떨어져 전투력에 부정적인 영향을 끼치는 경우가 있으며 최악의 경우는 상호간에 유해를 가하는 일까지 발생하기도 한다. 서준혁 대위는 초급간부를 거치며 병사들과 같이 생활하면서 터득한 군내 의사소통에 대해 문제점을 제시하고 해결방법을 제시하고 있다. 상대방의 의견을 경청하며 권위주의적 태도를 개선하고 쌍방향적 의사소통을 위한 의사소통의 환류(Feed Back)를 통해 의사소통을 원활히 하며 개방적이고 강압적이지 않도록 의사소통을 할 수 있도록 풍토를 개선하고 사이버 상의 마음의 편지, 병영생활룰, 또래 상담병, 직책별 간담회, 옴부즈맨 등 군 조직 내 활용하고 있거나 사회에서 검증된 의사소통 매체를 활용하는 등 다양한 해결방법을 제시하고 있다.

얼마 전 '인천상륙작전'이라는 영화를 보았다. 불과 60어 년 전의 일이고 휴전 상태인 한반도는 아직 끝나지 않은 연장선에 있다고 볼 수 있다. 영화에서의 내용들은 일부 과장되거나 드라마틱한 상황을 만들기 위해 상식을 넘는 스토리 전개를 하기는 했겠지만 그 당시 사람들과 지금을 살아가고 있는 내가 생각하는 '조국이란 것이 무엇인가?' 하는 생각이 들었다. 그들은 목숨을 기꺼이 바치며 조국을 지켰는데 과연 나는 조국을 위해 무엇을 했고 무엇을 해야 할 것인가?

이 책의 저자인 서준혁 대위의 글을 보면서 군내의 생활이 달라지기는 했지만 대한민국의 젊은이들 서로를 이해하려는 노력을 꾸준히 하고 있고 이러한 노력들이 지금 살아가는 젊은이들이 조국을 사랑하는 방식이라는 생각이 들었다. 이 책을 보면서 훈련소에 입대한 훈련병부터 중견 간부들까지 모두가 읽을 수 있는 필독서가 되었으면 하는 생각이 든다. 이 책을 통해 간부는 병사들의 생각과 문제점을 이해하게 될 것이고 병사들은 지금까지의 생활과는 다른 부분에 대해 알게 될 것이다. 그리고 이 책이 군 생활을 하는 대한민국의 모든 젊은이에게 의무로 주어진 일을 행복하게 할 수 있는 한 톨의 밀알이 될 것이라 믿어 의심치 않는다.

2016년 8월 17일
용인 송담대학교 교수 **박상규**

머리말

위기의 대한민국에서

현재 대한민국은 위기에 빠져있다. 늘어나는 가계부채, 빈부 격차, 저출산, 고령화 문제 등등 이루 열거할 수 없는 많은 문제가 산적해 있다. 하지만 그중에서도 가장 큰 문제는 대한민국 청년 문제다. 7포(취업, 결혼, 출산, 내 집 마련, 인간관계, 꿈, 희망) 세대로 대표되는 그들에게는 아쉽게도 꿈과 희망이 없다. 대한민국이 지루한 저성장의 늪의 입구에 들어섰기 때문이다. 그들에게는 아버지 세대가 가졌던 '꿈을 통해 땀을 흘릴 수 있는 특권' 같은 로망은 일부를 제외하고는 없다고 보아도 과언이 아니다. 우리의 청년들이 현재 할 수 있는 것은 자신들의 꿈과 미래가 보이지 않는 상황에서 사회의 제품이 되기 위하여 근시안적인 시선으로 자신을 틀에 맞추어 가는 것뿐이다. 대한민국의 미래를 만들어 가야 할 우리 청년들의 꿈과 희망이 없다는 것은 곧 대한민국의 꿈과 희망이 없다는 것과 동일한 의미이다.

대한민국 청년들에게 닥쳐온 위기는 20대 초반의 청년들에게도 큰 충격이지만 우리 군과도 밀접한 관계를 맺고 있다. 대한민국군의 구성원 대부분을 차지하는 병사들이 바로 위기에 빠진 대한민국의 청년들이기 때문이다. 그러므로 대한민국군은 이처럼 위기에 빠진 청년들과 함께 가지 않을 수 없는 집단이다. 군은 대한민국의 안보를 책임지고 있는 집단이지만 대한민국 청년들의 교육을 담당하는 마지막 공교육기관이기도 하다. 그러므로 어둠에 멈춰 있는 대한민국 청년들이 최악의 절망에 빠지지 않도록 가르쳐주고 지도해야 하는 책임이 군에 있다고 이야기할 수 있는 것이다. 우리 청년들은 나태하고 귀찮아하는 것이 아니고 미래가 보이지 않기에 멈춰있다는 것을 이해하고 그들 스스로가 꿈과 희망을 가질 수 있도록 우리가 도와주어야 한다. 희망만이 절망을 이겨낼 수 있다.

이 책은

이 책은 처음 계획할 때부터 병사들과 간부들이 조금은 더 서로 이해할 수 있기를 바라는 목적으로 기획되었다. 특히 간부들이 병사들에 대해서 조금 더 심도있게 이해할 수 있도록 하는 데 초점을 맞추었다. 여느 조직이나 그러하겠지만 특히 군은 특성상 상급자에게 구성원들이 집중하게 되는데 그러다 보니 병사들은 여러 가지 이유에서 간부들을 많이 바라보게 되지만 간부들은 자신보다 상급자에게 주로 집중하기 때문에 병사들을 간부들이 이해하려는 노력은 상대적으로 부족하다고 생각했기 때문이었다.

이 책은 기획할 때부터 간부들을 독자로 설정하고 집필을 했다. 특히 임관한 지 5년 미만인 초급간부들을 이 책의 주 독자층으로 설정하고 그들이 이 책을 읽어주었으면 하는 생각에서 책을 썼다. 그 이유는 병사들을 직접 지휘하고 통제하는 초급간부들이 병사들에게 가장 큰 영향을 주기 때문이다. 결국 대한민국을 만들어 가는 사람들은 초급간부들이다.

간부들에게

많은 교육학의 석학들이 가정교육의 중요성을 역설하며 부모들의 역할이 자녀의 인격과 성격을 형성하는 데 큰 영향을 끼친다고 이야기한다. 그 이유는 인간이 성장하면서 부모와 많은 시간을 보내며 그들의 행동 하나하나를 보고 배우기 때문이다. 이를 동일하게 군에 적용한다면 군에서의 간부들은 병사들에게 부모와 같거나 그 이상으로 생각될 수 있다. 내무생활을 하는 병사들의 특성상 하루 24시간을 부대에서 보내게 되는데 그들의 행동 하나하나를 통제하며 그들의 군 생활 전반을 지도하는 이들이 바로 간부(특히 초급간부들)이기 때문이다.

간부들이 음주운전이나 폭언, 욕설을 하면 안 되는 이유는 그들이 압도적인 살상력을 가진 장비들과 생명을 다루기 때문에 높은 도덕성과 청렴성을 유지해야 하는 이유도 있지만 그보다는 대한민국의 미래인 병사들에게 올바른 모습을 보여주기 위함인 이유가 더욱 크다. 간부들은 오직 대한민국의 안보만을 책임지는 사람들이 아닌 대한민국의 미래를 지도하고 만들어 갈 책임이 있는 사람들이다. 우리의 후세들이 우리가 가졌던 만큼의 기회를 가질 수 있도록 그리고 대한민국의 모두가 자신의 재능에 완전히 헌신할 수 있는 사회를 선도할 수 있도록 하는 책임은 결국 우리 간부들에게 있는 것이다.

초급간부들에게

군인이 되기로 마음을 먹고 양성기관을 거친 이후 임관을 하고 군 생활을 하면서 많은 사람을 군에서 만났다. 조국을 위하여 피를 흘리고 전우들을 위해 눈물을 흘리며 자신을 위해 땀을 흘리는 많은 이들과 함께하면서 처음에는 힘들고 짜증났던 군 생활이 어느 순간부터 보람차게 느껴지기 시작했다. 물론 보람차게 느껴지기까지는 초급간부로서의 오랜 인고의 시간이 필요했다.

아마 많은 초급간부들에게 군 생활은 힘들고, 피곤하고, 짜증날 것이라 생각한다. 나 역시 그랬기 때문이다. 하지만 자신의 의무를 다하고 양심을 저버리지 않는 용기를 가질 수 있다면 힘든 군 생활이 언제부터인가 보람차게 느껴지는 순간이 올 것이다. 초급간부는 힘들고 어려운 것이 정상이다. 반대로 이야기하면 힘들고 어렵지 않으려 한다면 더욱 정진할 필요가 있는 것이다.

무언가를 이루려고 하는데 힘든 것도, 계획대로 잘되지 않아서 괴로운 것도, 최선을 다했는데도 욕을 먹고 울고 싶을 때도, 더 이상 버틸 힘이 없어서 넘어지는 것이 더욱 편한 것 같을 때도 초급간부인 이상 모두 정상적인 상황이다. 위의 상황들을 지금 피부로 느끼고 있다면 직책을 훌륭히 수행하고 있는 것이다. 잘하든, 못하든 시도하기 때문에 힘이 드는 것이다. 힘든 것은 잠깐이지만 힘들 때 배우는 경험과 지식은 영원히 여러분 곁에 있을 것이다. 이는 군문을 떠난다 하더라도 마찬가지이다. 지금 무슨 이유든 힘들다면 잘하고 있는 것이다. 지금 힘든 것을 미뤄두고 피하면 나중에는 더 힘들다. 못해도 좋다. 거짓 행동으로 사랑받기보다는 솔직함으로 미움 받는 것이 낫다. 여러분의 상급자들은 여러분에게 지식과 능력이 아닌 도덕과 양심을 바라기 때문이다.

여러분의 앞에서 다가오는 두려움을 두려워하지 마라. 멀리서 보았을 때 두려움은 공포이지만 가까이서 보게 되면 진귀한 경험으로 가득 차 있다. 용기를 가져라. 두려움을 용기로 이겨내는 순간 여러분의 인생과 군 생활의 새로운 장이 시작될 것이라고 확신한다.

군에서 감사한 사람들

우선 많이 부족한 저와 함께 군 생활을 하면서 고생하셨을 모든 분들에게 감사드립니다. 비록 짜증나고 힘드셨을지라도 저에게 많은 것을 알려주시기 위해 항상 노력하셨던 모든 분들의 포기하지 않는 같은 신념을 항상 존경해왔습니다. 특히 이 책을 소위 때부터 집필하면서 저를 지도해주신 많은 지휘관에게 더더욱 감사드립니다.

김보리 중대장님, 소대장으로 제가 전입해 오자마자 선임소대장 중책을 주셔서 부족한 모습을 보여드릴 때마다 카리스마 있는 모습으로 지도해주셔서 항상 감사하게 생각합니다. 문을 부수기보다는 자물쇠를 따는 법을 알려주시기 위해 노력하신 것 알고 있습니다. 비록 그 점을 제가 지금에서야 깨닫게 되었지만 그때 중대장님의 가르침이 없었다면 지금까지도 몰랐을 것입니다. 소수의 추악함으로 다수가 나약해지지 않고 소수의 정의로 다수를 강하게 만들기 위해 노력하신 중대장님이 자주 생각납니다. 중대장님과 같이 근무한 것은 제게 있어 큰 경험이었습니다. 감사합니다.

이임수 대대장님, 제가 처음 참모직책을 인사과장으로 수행하면서 수많은 실수를 하고 좌절했을 때도 아버지처럼 옆에서 지도해 주신 점 감사드립니다. 리더란 누군가의 위에 서는 것이 아니라 누구의 옆에도 있을 수 있어야 한다는 군 생활의 가장 중요한 교훈을 느끼게 해주서서 감사합니다. 병사들에게 진심과 메시지를 전하는 방법, 비록 통제하기 어려운 병력이 될지라도 자신들만의 특성을 존중해주신 지휘철학을 통하여 지금도 저에게 가르침을 주시는 대대장님 정말 사랑하고 존경합니다. 병력들과 소통을 어떻게 해야 하는지 아침 뜀걸음을 하면서 대대장님께 배운 것들은 평생 잊을 수 없는 배움이었습니다. 감사합니다. 꼭 다시 같이 근무하고 싶습니다.

제 대대장님이시자 동시에 여단장님이신 박춘식 여단장님, 이 책이 나올 수 있도록 힘써 주서서 감사드립니다. 여단장님께서 대대장님 때부터 저에게 전해 주셨던 가르침을 책으로 내서 많은 사람에게 전할 수 있다는 것을 자랑스럽게 생각합니다. 신념을 가질 수 있게 해주시고 함께 같은 목표를 향해 나아갈 수 있도록 항상 신경 써 주신 것 감사드리며 여단장님과 함께 했던 시간들이 제 인생에 있어서 가장 보람차고 자랑스러운 순간이었습니다. 존경합니다. 사랑합니다.

사랑하는 가족과 친구들에게

먼저 나를 키워주고 먹여주시고 재워주시느라 고생하신 부모님께 감사드립니다. 또한 내 군 생활을 응원해준 내 동생에게 고맙다는 이야기를 전해주고 싶습니다. 그리고 저에게 가장의 책임을 기꺼이 허락해주신 장인, 장모님 감사드립니다.

무엇보다 내가 힘들고 어려운 시기 속에서 방황하고 있을 때 내 옆에서 굳건하게 나를 지켜주었던 족사모 친구들 고맙다. 방황하고 흔들리며 짜증내는 나를 믿음으로 지탱해주었고 내 잘못으로 시작된 불평과 불만도 가만히 들어주었던 너희들이 없었다면 삶의 목적이 없이 표류하면서 되는 대로 살게 됐을 거야. 나의 슬픔을 함께 슬퍼해주고 기쁨을 함께 기뻐해줘서 고맙다. 나는 우리가 좋다.

마지막으로 나를 믿고 나에게 인생을 맡기는 어려운 결정을 해준 것에 대해서 고마워 여보. 군인이라는 힘든 남편의 직업을 이해해주고 내 거친 생각과 불안한 눈빛을 받아 들여준 고마운 당신이 내 아내가 되어주어서 항상 내 마음속에는 충만한 행복과 즐거움이 함께해. 내가 당직근무 한다고 집에 못 들어갈 때도 호국훈련이나 BCT 같은 큰 훈련을 할 때에도 불평 없이 기다려주는 당신이 있기에 마음 놓고 당직도 훈련도 할 수 있는 거라고 생각해. 내가 군 생활에 전념할 수 있는 것은 온전히 당신이 있기에 가능한 일이야. 아마 당신 없는 내 인생은 무미건조하고 재미없었을 거야. 내 군 생활이 보람차게 느껴지는 것도 역시 당신이 내 옆에 있기 때문이야. 내 인생의 의미가 되어주어서 고마워. 항상 감사하고 또 고마워. 사랑해.

목차

첫 번째 이야기

★

달라진 학원문화
바뀌어 가는
병영생활의 모습

2014년 4월 6일 경기도 연천에서 윤 일병이 선임병과 초급간부에게 폭행당해 사망한 사건이 있었다. 사람들이 윤 일병 사건에 분개하고 있을 무렵, 같은 해 6월 21일 강원도 고성군에서 임 병장이 개인화기와 실탄을 소지하고 무장탈영을 하여 그를 검거하는 과정에서 총격전이 발생하였고 12명의 사상자가 발생한 사건이 연이어 일어났다. 2014년 있었던 위의 두 사건으로 군의 위신은 바닥으로 추락했고 전 군은 한동안 홍역을 치루지 않을 수 없었다.

군 인권센터에서 밝힌 윤 일병 관련 내용을 살펴보면 충격적이다. 가해자들은 윤 일병이 의무대에 자대배치를 받은 이후부터 대답이 느리고 발음이 어눌하다는 이유로 폭행 및 가혹 행위를 일삼았는데 그 내용을 보자면 생활관 바닥에 뱉은 가래침을 핥아먹기를 강요하고, 치약 한 통을 억지로 먹게 강요하고, 다리를 다친 윤 일병에게 기마 자세를 강요하고, 사건 전날에는 멍든 상처를 치료한다면서 강압적으로 본인이 직접 성기에 안티푸라민을 바르도록 강요하였다. 뿐만 아니라 나라사랑카드를 가해자에게 강제로 헌납하게 하고 사망 직전에는 가해자들이 '아예 죽었으면 좋겠다'고 말했다고 한다. 결국 냉동 식품을 먹다 구타를 당한 윤 일병이 기도가 막혀 몸을 떨고 오줌을 지리자 엄살떤다는 이유로 더욱 구타를 하여 윤 일병은 사망에 이르게 되었다.

그렇다면 대법원으로부터 사형을 구형받은 임 병장의 사건은 어떻게 진행된 것일까? 임 병장은 2012년 12월 군에 입대하여 2013년 2월에 자대배치된 후 당해 4월에 A급 특별 관심병사로 선정된 뒤 이듬해인 2013년 11월 B급 중점 관리병사로 선정된 이후 2013년 12월 GOP에 투입됐다. 임 병장 사건에서 이목을 끄는 것은 그가 사건이 발생한 당해 9월에 전역이 예정되어있는 '말년병장'이었다는 것이다. 말이 없고 내성적이었던 임 병장은 진술에서 집단따돌림을 참지 못하고 사건을 일으켰다고 말했다. 조사 중에 밝혀진 것은 임 병장이 학창시절에도 왕따를 당한 적이 있다는 것과 부대 내에서 임 병장을 희화화한 듯 보이는 그림이 발견되었다는 것이다. 임 병장이 사건 전에 작성한 메모에는 "무심코 던진 돌에 개구리가 죽는다" "누구라도 나와 같은 상황이었다면 사는 게 죽는 것만큼이나 고통스럽고 괴로울테니까" 등 왕따와 사고 가능성에 대한 암시가 보인다. 임 병장은 대법원에서 사형이 확정되어 현재는 수감되어 있는 상태이다.

위의 두 사건 이후 "참으면 윤 일병 되는 거고 못 참으면 임 병장 되는 현실에서 우리 아이들을 어떻게 군대 보내겠습니까?"라는 민간인의 인터뷰가 지상파 뉴스에 방영되기도 하였는데 그 당시 군에 자녀를 보내거나 보내야만 하는 부모들의 군에 대한 불신의 감정을 직설적으로 표현한 인터뷰였을 것이다. 많은 사람들이 군에서의 사건 사고에 관심 가지게 되는데 그 이유는 우리의 병사들이 결국은 우리의 아들이며 형이고 동생 그리고 오빠이기 때문이다.

위의 두 사건 모두 자세히 들여다보면 이미 사회에서도 대두되고 있는 '왕따' 문제가 사건의 원인이었다는 것을 어렵지 않게 알 수 있다. 결국 가해자만의 책임도 군의 지휘관만의 책임이 아닌 이런 사회를 만들게 한 우리 모두의 책임인 것이다. 20대의 젊은 청춘들의 목숨을 앗아간 구타 및 가혹 행위, 총기 난사사건 모두 비극인 것은 사실이지만 우리가 비극적인 현실에 눈을 돌리지 않고 똑바로 현실을 직시해야 하는 것은 결국 그 현실에서 도망가고 숨기보다는 문제를 찾아내고 그 문제를 해결하기 위함이다.

내가 하고자 하는 첫 번째 이야기가 바로 이것이다. 군의 대부분을 차지하고 있는 병사들이 사회에서 경험하고 또한 직면하고 있는 문제들에 대해서 간부인 우리들이 잘 알고 이해하지 않는다면 제2의 윤 일병, 임 병장이 나오지 말란 법은 없다. 아니 우리가 이러한 문제에 대해서 대비하고 준비하지 않는다면 더 큰 희생을 우리는 치루지 않을 수 없을 것이다. 때문에 우리는 그런 일을 미연에 방지하기 위하여 노력해야만 한다.

1. 왕따와 가해자 그 치열한 무한경쟁

비록 지금은 군인의 길을 걷고 있지만 나는 한때 중등교사를 꿈꾸었던 사범대학생이었다. 사범대학생으로 대학교에서 2년을 보내면서 방과 후 학교에도 참석해보았고 여러 봉사활동을 다니면서 내가 중·고교에서 느끼지 못했던 학생들의 '배척' 현상을 가까이에서 목도하게 되었다. 당시에 나 또한 고등학생에서 대학생이 된 지 얼마 되지 않은 시기였으나 나의 학창시절과는 사뭇 달라진 그들의 문화에 놀라움을 금치 않을 수 없었다. 하지만 그 당시의 나는 교사도 아니었으며 그저 봉사활동을 나온 일개 학생의 신분이었기 때문에 그들만의 관계에 깊게 관여할 수 있는 권한도 없었고 그들을 올바른 방향으로 지도할 의지 또한 없었다. 그저 그들의 관계를 지켜보고 내가 생각한 현실에 대해서 지도하시는 선생님에게 이야기하거나 혼자 사유할 뿐이었다.

그로부터 얼마간의 시간이 지난 이후 임관을 하고 소대장으로서 소대를 지휘하면서 나는 내가 몇 년 전에 목격한 배척현상이 동일하게 우리 소대를 잠식하고 있다는 것을 알게 되었다. 내가 소대장으로 처음 오게 되었을 때는 동기생활관이 시행되고 있지 않은 상태였고 배척현상의 중심에는 몇몇 상병들이 있었다. 소대 내의 분위기는 강압적이었으며 개개인의 작은 차이도 용납되지 않는 상태였다.

나는 소대 내의 배척현상이 소대원 모두의 역량을 집중할 수 없도록 하는 가장 큰 원인이라고 생각했고 이 문제를 종식시키기 위하여 소대 내의 배척현상의 가장중심이 되는 인원을 징계위원회에 회부하였다. 그리고 계급 간의 보이지 않는 악·폐습을 철폐하기 위해서 1개월간 동숙을 하면서 소대 내의 생활관에서 그리고 훈련장에서 선임이 할 수 있는 정당한 행동을 후임들도 할 수 있도록 하였으며 이등병을 포함해서 전 소대원이 누구에게나 자신의 고민을 이야기할 수 있도록 하였다. 이후 내가 소대장을 하는 13개월 동안 우리 소대원의 징계위원회는 없었다. 내가 전출 간 이후 후임소대장의 임기 동안에도 우리 소대는 무사고소 대를 유지했다.

앞서도 소개하였듯이 학원문화의 병폐 중 하나인 왕따 문화가 우리 군내에서도 큰 문제로 대두되고 있다. 그렇다면 우리 병사들이 군에 오 기 전까지 접했던 학원문화에서의 왕따는 어떻게 진행되고 있을까? 그 현장의 모습은 어떤지 알아볼 필요가 있을 것이다.

▶ '왕따'란?

우리나라에서 왕따, 집단 따돌림, 집단 괴롭힘 등의 문제가 본격적으로 대두되기 시작한 것은 1990년대 중반부터다. 특히 2010년대에 들어와서 왕따 문제는 당사자의 자살, 가해 학생의 구속, 피해 학생의 부모가 학교와 교육청에 손해배상을 청구하는 등등의 사회문제로까지 번지고 있다. 때문에 현재 학교에 자녀를 보내는 부모나 학생들 대다수가 학교생활에서 가장 바라는 것이 바로 자신들이 왕따의 피해자가 되지 않는 것이다.

한국 청소년개발원에서 왕따를 정의하길 '학교에서 다수의 학생이 특정 학생을 대상으로 2주 이상의 기간에 걸쳐 심리·언어적 폭력, 금품갈취 및 괴롭힘과 신체에 위해를 가하는 행위'라고 정의하고 있다. 이처럼 대부분 왕따의 경우는 심리·언어적 폭력을 수반하고 있다. 그리고 이

행위는 상호간의 다툼처럼 한 번의 공격행위를 의미하는 것이 아니며 반복적이고 지속적으로 폭력이 일어나는 경우를 지칭한다. 또한 왕따는 힘의 불균형이 존재하고 약자에 대한 폭력이 가해지는 경우가 많은데 이는 결국 서로 같이 놀릴 수 있거나(농담관계) 피해자가 대응할 수 있는 상황이 아니라는 것을 의미한다.

근래 우리 학교 현장에서 벌어지고 있는 왕따 현상은 다른 나라의 사례와 비교할 때 몇 가지 다른 특징을 가지고 있다.

첫째는 집요함이다. 가해자들이 끈질기게 피해 학생을 괴롭히고 소외시킴으로써 결국에는 자살에 이르도록 만들 정도로 매우 강한 집요함을 보인다.

둘째는 따돌림의 형태나 수법, 그리고 괴롭히는 언행의 내용이 매우 음습하게 이루어지고, 점차 집단화의 정도가 심화된다는 것이다. 이처럼 가해자들(혹은 방관자들) 간에 집단적으로 그리고 은밀히 이루어져서 관리자가 쉽게 눈치 채지 못한다는 점이 있다.

셋째는 가해 학생들이 별 죄의식 없이 따돌림 행위를 한다는 것이다. 즉, 왕따에 동조하고 개입하는 것을 그저 한 번쯤 할 수 있는 장난으로 여긴다는 점이다. 물론 당하는 피해자 입장에서는 그렇지 않겠지만 말이다.

넷째는 저항할 힘이 없는 장애아나 지체 부자유자를 대상으로 할 정도로 따돌림의 대상이 정해져 있지 않다는 것이다.

삼성생명 사회정신건강연구소에서는 서울 시내 중·고등학생 2,565명을 대상으로 학교생활에 관한 조사연구를 하였다. 이 조사에서 자신이 친구들로부터 왕따를 당하고 있다고 응답한 학생은 11%(중학생 13.8%, 고등학생 8.7%)였으며 특히 중학교 남학생의 경우는 16%가 자신이 따돌림을 당하고 있다고 응답하였다.

반대로 자신이 다른 친구를 따돌림 시켰는지에 대한 조사에서는 16%가 그렇다고 응답했고, 이 중 중학교 남학생의 경우는 20.3%가 그렇다고 응답하였다.

이 설문조사를 삼성생명 사회정신건강연구소에서 진행할 당시 교사들이 지켜보는 학교의 교실 안에서 이루어졌고 학생들 스스로 따돌림을 수치로 생각하여 정직하게 답하지 않은 학생이 있을 거란 것을 감안한다면, 훨씬 많은 학생이 따돌림을 당하고 있을 것으로 추정할 수 있다.

또한 청소년 대화의 광장에서 실시한 조사결과에서는 평균적으로 한 학급당 1~2명 정도가 따돌림을 당하고 있는 경우가 가장 많았으며(56%), 다음으로는 3~4명(21.1%)정도였다.

위의 조사결과만으로도 충격적이지만 보다 큰 문제는 전체 학생의 76.5%가 자기주위에 따돌림 당하는 아이가 있어도 선생님께 말씀드리지 않는다고 하였고, 35.8%의 학생, 특히 중학교 여학생의 경우 50.8%가 따돌림 당하는 아이를 친구로 사귀지 않는다고 응답하였다는 점이다.

이상의 조사결과를 보았을 때 현재 대한민국 학생의 10명 중 한 명 이상이 현재 왕따 피해자라고 판단할 수 있을 것이다. 또한 왕따를 당하는 학생들이 교사와 어른들로부터 적절히 보호를 받지 못하고 있다는 것을 알 수 있다. 그리고 무엇보다 또래 친구들도 별다른 죄책감 없이 피해 학생에 대해 방관하며 비록 소극적이지만 왕따에 참여하고 있다는 것을 알 수 있다.

대다수의 왕따는 교실 내의 동급생 사이에서 많이 발생하고 있다. 가해자들은 한명 혹은 두 명의 주동 학생들을 추종하는 일부 학생들로 구성된다. 그리고 학급의 다수는 방관자로서 왕따의 화살이 자신들에게 돌아오지 않았다는 사실에 안도하는 무리의 역할을 수행한다.

왕따가 주로 일어나는 시간대는 교사의 지도감독이 없는 쉬는 시간이나 점심시간, 청소시간 등이다. 간혹 수업시간 중에도 왕따 현상이 일어나기도 하는데, 피해 학생이 책을 읽거나 발표를 할 때 피해 학생에게 야유나 조롱을 보내고 비웃는 행동을 하는 것 등이 그 예이다. 물론 그 외에 체육 수업이나 등교 및 하굣길에도 노골적인 괴롭힘이 발생할 수 있고 실제로 발생하고 있다.

청소년 대화의 광장에서 실시한 따돌림의 양상에 대한 조사결과를 살펴보면, '전혀 말을 걸지 않거나 상대를 하지 않는다(52.9%)'가 가장 많았고, 그 다음으로는 '사사건건 시비를 걸고 약을 올린다(42.1%)' '물어도 대답하지도 않고 쳐다보지도 않는다(40.8%)' '여러 사람 앞에서 무시하고 창피를 준다(39.8%)' '별명을 부르거나 욕을 하면서 조롱한다(39.3%)' 순으로 나타났다.

남녀학생 간의 차이점을 살펴보면, 남학생의 경우는 '사사건건 시비를 걸고 약을 올린다(55.6%)'와 '별명을 부르거나 욕을 하면서 조롱한다(54.9%)'가 가장 많은 반면, 여학생의 경우는 '전혀 말을 걸지 않거나 상대를 하지 않는다(61.9%)'와 '물어도 대답하지도 않고 쳐다보지도 않는다(47.7%)'가 가장 많은 유형으로 나타났다. 즉 남학생은 적극적이고 공격적인 방법을 사용하는 반면, 여학생들은 수동적이면서 상대를 무시하는 방법을 자주 사용하고 있어 남녀 간에 차이를 나타내고 있다는 것을 알 수 있다.

▶ '왕따'의 원인

정도의 차이는 있겠지만 따돌림이란 어느 시대, 어느 문화권에서도 있었다. 사람이란 인격체이기에 앞서 본능에 충실한 동물이기에 자신과 다른 존재를 배척하고 자신의 이익을 위하여 다른 객체를 도태시키는 것은 어쩌면 당연한 것일지도 모른다. 왕따라는 현상은 피해자 및 가해자의 심리적 요인과 가장 밀접하게 관련되어 있지만, 대한민국, 일본, 중국 등등의 동아시아권에서 특히 정도가 심한 이유는 궁극적으로는 사회 환경적인 측면에서 찾아볼 수 있다. 처벌 위주의 양육 태도를 가진 가정환경과 통제 위주의 학교환경은 집단따돌림이 발생하기 쉽게 하는 가장 근본적인 사회 환경적인 원인이다. 그렇다면 피해자와 가해자의 기질이나 다른 환경적 원인은 왕따 현상에 어떠한 영향을 끼치는 것일까?

① 피해자의 기질 및 심리적 요인

대한민국에서의 왕따 피해자들은 대체적으로 공통적인 특성을 보인다. 무엇보다 피해자들은 부모들에게 과잉보호되는 경향이 있었다는 공통점이 있었다. 피해자의 부모는 자녀를 어린아이처럼 취급하였으며 이에 그들은 부모에 대해 불안정적·저항적인 애착을 보이는 경향이 보였다. 또한 왕따 피해자들은 위협을 받을 때 쉽게 불안해하고 자기주장을 하지 못하였으며 다른 사람에게 접근하는 것을 주저하며 접근하고 사소한 비판에도 예민해 했다.

가) 따돌림 당하는 아이의 행동 양상은

- 잘난 척하고 다른 친구들을 무시하는 아이(70.7%)
- 선생님께 고자질을 잘하는 아이(35%)
- 이 친구 저 친구에게 찝쩍거리는 아이(30.5%)
- 공부만 잘하고 똑똑한 척하는 아이(28.9%)
- 어벙해 보이는 아이(28.9%)
- 툭하면 엄마한테 이르는 아이(24.5%)
- 내숭떠는 아이(24.5%)

나) '왕따'의 피해 학생의 5가지 심리적 특징

첫째, 과도하게 타인을 지각한다. 이들은 자신이 타인들에게 어떻게 보이는가에 관해서 지나치게 민감해 하고 걱정을 많이 한다. 이러한 과도한 불안은 친구에게 접근하기 어려워 위축된 상태로 지내게 만든다.

둘째, 자신의 신체적 이미지에 대해 왜곡된 생각을 지니고 있다. 자기가 매력이 없어서 아무도 자기와 친구가 되기를 원하지 않고 있다고 믿는 경향이 있으며 반대로 지나치게 자기 외모에 대해 자기애적 경향을 보이기도 한다. 자신의 신체적 이미지에 대한 과신이 왕따의 원인이 되기도 한다.

셋째, 대인관계에서 지나치게 자기를 낮게 평가하는 경향이 있다. 풀어서 이야기하면 자신의 능력에 대해서 자신감이 부족하며 이는 자신들로 하여금 다른 사람들을 싫증 나게 하거나 타인에게 나쁜 인상을 준다고 믿는 경향이 높다.

넷째, 부적절한 자기개방능력을 가지고 있다. 대인관계를 발달시키기 위해서는 적절한 수준의 자기 노출이 필요하다. 그러나 이들은 대인관계에서의 친밀함의 진전 정도보다 자기 노출을 과도하게 하거나 아니면, 아예 자기 노출을 두려워하여 꺼리는 경향을 보인다.

다섯째, 자신의 주장을 잘 내세우지 못한다. 이들은 흔히 정당한 요구를 하지 못하고 '내가 요구할 자격이 없다'라든가 '요구해 봤자 배척을 당하거나 피해를 볼 것이다'라는 믿음을 지니고 있는 경우가 많다. 그렇기 때문에 대인관계를 잘 형성하지 못한다.

다) '왕따' 피해자의 유형

(1) 수동적 피해자

수동적 피해자(passive victims)는 신체적인 공격이나 모욕을 당해도 맞대응하지 못하는 불안정하고 스스로 무가치한 태도와 행동양식을 보이며, 남학생의 경우는 여기에 '신체적 열세'가 추가되는 특징을 보인다. 현직 교사들이 관찰한 피해자들의 특성에서도 이와 비슷한 것이 관찰되고 있다.

외모가 단정하지 못하고, 신체적으로 나약해보이며, 상황에 맞는 적절한 대처능력이 부족한 학생들이 왕따의 주 피해자이다. 수동적 피해자는 학교에서 혼자 지내며, 친구가 거의 없다. 또한 동년배보다 신체적으로 허약한 특성을 가지며, 부모와의 밀접한 관계를 유지하기 때문에 종종 교사들로부터 과잉보호를 받는다고 평가된다.

(2) 도발적 피해자

도발적 피해자(provocative victims)주의 집중의 결핍과 과잉행동의 문제로 주위 사람들에게 긴장과 불편감을 초래하는 경우가 많고, 불안한 반응 형태와 공격적 반응 형태가 결합되어 있는 특징을 보인다. 이들은 또래들과 어울리고 싶어 하지만 친구들을 귀찮게 하거나 방해하고, 특히 수업시간이나 또래가 함께하는 상황에서 부적절한 행동양식을 보이는 것이 특징적이다.

그리고 '왕자병' '공주병'으로 일컬어지는 아이들 역시 도발적 피해자 유형이 되기 쉽다. 이들은 잘난 체하는 행동특징을 보이고, 자기 본위로 행동하는 경향이 있다. 그러다 보니 타인과 공감을 이루지 못하고 자신의 문제를 인식하지 못해서 아이들로부터 소외당하게 된다.

(3) 피해자이면서 가해자

왕따의 피해자이자 가해자인 유형도 있는데, 최근 들어 이 유형이 늘어나는 추세다. 이들은 처음에는 왕따의 피해자였다가, 자신보다 더 약자인 학생을 발견하면 그 학생을 따돌리거나 폭력을 가함으로써 자신이 받은 혹은 받았던 피해를 보상받고자 하는 경향을 보이게 된다.

이렇게 피해자와 가해자의 이중 역할에 놓여있는 아이들은 대체적으로 가해 주동자 주변을 맴도는 경향이 있다. 스스로는 완전히 가해자 역할을 하지 못하고 가해 주동자 주변을 맴돌다가 자신보다 힘의 우위를 점하고 있는 아이로부터 만성적인 따돌림이나 폭력을 당하는 것이다.

② 가해자의 기질 및 심리적 요인

가해자는 보통 육체적으로 힘이 세고 타인에 대한 강한 지배욕을 가지고 있어 다른 학생들을 지배하고 굴복시키고, 힘과 위협으로 자기주장을 내세우거나, 다른 학생들에게 자신의 뜻을 억지로 관철시키려는 욕구가 강하다. 또 성미가 급하고 화를 잘 내며, 충동적이어서 욕구의 지연을 참기 어렵고, 속임수를 써서라도 원하는 것을 얻으려 한다.

그리고 가해자는 피해자에 대한 동정심이 전혀 없어 타인을 비난하는 식으로 자신을 정당화하면서 죄책감을 잘 느끼지 않는다. 가해자는 다른 동급생에 비해서 인기가 평균수준이거나 그 이상인 경우가 많다.

③ 가정, 환경적 원인 - 처벌 위주의 양육 태도

사람이 가장 먼저 대인관계를 배우게 되는 곳은 가정이다. 가족 간의 관계를 통해 기본적인 사회성을 습득하고 연습해 가는 곳이 바로 가정이다. 따라서 가족구성원들 간의 갈등이나 부모의 욕구 좌절감이 자녀들에게 공격적으로 표출될 경우 자녀들은 이러한 행동양식을 모델링하게 된다.

그리고 지나치게 지시적이거나 야단을 자주 치며 매우 공격적으로 자녀를 위협하는 부모들의 양육방식은 자녀들에게 타인을 조절(control)하려 하거나 공격적으로 행동하게 하는 인물이 되도록 만들게 된다. 즉 지나치게 처벌적인 양육 태도는 아이를 거칠고 공격적으로 만들며, 약한 사람은 괴롭히고 강한 사람에게는 복종하려고 하는 힘의 논리에 빠지게 만든다. 이렇게 가정에서의 피해자가 나중에 사회에서의 가해자가 되는 경우가 많다.

④ 학교의 환경적 원인 - 획일적 통제 위주, 학벌 지상주의

현재 우리나라 학교 교육의 궁극적 목적은 대학진학이다. 청소년들이 개인의 적성이나 소질을 계발하고 인격을 도야한다는 교육이념은 허울 뿐인 거짓이다. 이러한 교육제도 아래서 청소년들은 경쟁에서 살아남는 것만을 가치 있는 것으로 여기게 되고 결국 수단은 어찌 되었건 결과만 좋으면 된다는 식의 이기적 인간이 양산되게 되는 것이다.

이런 교육 환경은 학생들로 하여금 우정과 사랑이라는 덕목보다는 경쟁과 긴장의 관계를 형성하게 하였다. 친구라는 존재가 함께 추억을 만들어 가는 사람이라기보다 내가 살기 위해서 밀어내야 하는 경쟁자가 된 것이다. '대학에 가야 사람 구실을 한다' '명문대학이 바로 출세의 지름길이다' 등의 말로써 교사들과 학부모들은 친구와의 우정보다는 경쟁을 조장해 온 것은 대한민국 교육현장의 불편한 진실이다.

그 결과는 참혹하다 못해 암담한데 이를 분석해 보자면 첫째, 우리 학생들은 자신을 객관화시켜 바라보는 능력을 잃어버리게 되었는데 이러한 이유로 친구를 괴롭히는 것에 대해 죄의식 혹은 죄악감을 갖지 않게 되었다. 마찬가지로 방관자 역할을 하는 주변 아이들 또한 왕따를 당하는 친구의 아픔을 객관적으로 바라보거나 입장을 바꿔 생각해 보는 능력을 갖추고 있지 않기 때문에 괴롭힘에 참여하지 않는 방관자가 따돌림에 문제 의식을 가지지 않게 되었다.

둘째, 교사의 틀에 맞지 않으면 문제아로 취급하는 학교의 분위기가 형성되게 되었다. 문제시되는 학생들에 대한 지속적인 꾸중과 체벌은 교사 자신이 학생을 '왕따'시키는 것과 다름없다. 왜냐하면 교사들이 '왕따'에 대한 모델링을 시키는 결과를 제공하는 것이기 때문이다. 이는 또한 학생들 사이의 '왕따'를 교사에게 보고되지 않도록 하는 무언의 작용제가 되기도 한다.

셋째, 학생들의 개성을 인정하지 않는 획일적이고 규격적인 교육풍토가 자리하게 됨으로 인하여 평균적인 아이만을 정상으로 받아주는 지금의 대한민국의 교육 현실은 소극적이고 타율적인 학생만을 양산하게 되었다. 우리의 교실에는 공부를 아주 잘하거나 혹은 아주 못하는 아이, 그리고 끼가 넘치는 아이와 전혀 그렇지 않은 아이들이 함께 생활하고 있다. 이런 학생들 개개인의 개성과 다양성을 인정하는 분위기가 조성된다면 학생들이 서로의 인격을 존중하게 될 것이다.

2. 왕따 문화가 군 내부에서 끼치는 영향

내 동기가 인사과장으로 임무를 수행하고 있을 때의 이야기이다. 당시 동기가 근무하고 있던 대대에는 통신소대의 '병영 갈등'이 심했었는데 특히 주말에 선임병이 후임병을 대대사열대에서 얼차려 아닌 얼차려(간부에게 보고 안 된 상태의 선임병의 독단적인 얼차려)를 부여하는 것이 가장 대표적인 병영 갈등의 현상이었다. 물론 마음의 편지와 지휘관의 적절한 지휘조치 그리고 간부들에 의한 정신교육으로 한동안은 해당 소대의 병영 갈등은 없어진 듯 보였다. 내 동기도 인사과장으로서 징계절차를 진행하면서 가해자와 피해자를 모두를 만나보고 피해자는 직접 만나서 면담도 진행하였다. 당시 피해자는 더 이상 병영 갈등으로 자신이 피해를 보지 않을 것이라는 점에서 상당히 안도하고 있었고 소대의 새로운 분위기에 만족하고 있는 것으로 보였다.

당시 내 동기는 대대참모로서 대대 및 중대에서의 조치가 매우 유효적절하였으며 소대 내의 분위기 또한 밝아졌다고 생각했다. 그 사건 이후 3개월 후 동기는 당직사령 근무 중에 저녁을 먹고 지휘통제실로 복귀하면서 대대사열대를 바라보게 되었다. 대대사열대에는 몇 달 전의 피해자가 가해자가 되어 동일한 얼차려 아닌 얼차려 행위가 반복되어 일어나고 있었다.

▶ 군의 '병영 갈등'을 척결하기 위한 노력

사실 군은 2000년대부터 사회에서부터 이어지는 '병영 갈등'에 대해서 인식하고 이를 개선하기 위해서 여러 가지 자구책을 찾아서 시행하고 있다. 특히 2005년 경기도 연천 GP에서 김 일병 총기 난사 사건의 원인이 병영 갈등으로 밝혀진 이후 군의 병영생활에 대한 개혁은 급물살을 타게 되었다. 요즈음의 대부분 장병들은 장병 병영생활 도움제도, 병영생활 행동강령 등 전군 적으로 시행하고 있는 제도 이외에도 각 부대의 실정에 맞는 적절한 규정과 지휘관의 관심 아래 병영 갈등을 척결하기 위한 군의 적극적인 노력을 몸소 실천하고 있다. 하지만 그럼에도 우리 군 내부에서 병영 갈등을 뿌리 뽑기까지는 아직 거리가 멀다. "병영 갈등은 어느 곳에나 있고 어느 곳에도 없다"라는 말이 있을 만큼 병영 갈등은 우리 군이 존재하는 한 영원히 고민해야 할 군의 과제인 것이다.

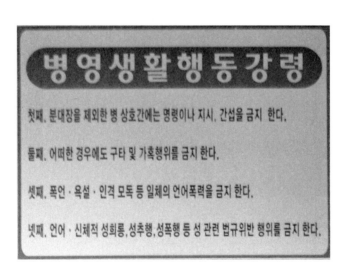

▶ 병영 갈등과 왕따와의 연결고리

요즘 들어 텔레비전과 인터넷 등등의 매스컴을 통해서 대한민국 학원 사회의 가장 어두운 그림자인 왕따 문제의 심각성이 피해자의 희생과 외침으로 드러나고 있다. 때문에 그들의 신음과 비명이 우리 군과 크게 거리가 있지 않다는 점이 우리 군의 가장 큰 고민거리로 자리 잡게 되었다. 대한민국의 사회문제인 왕따 문제는 결국 군의 병영 갈등과 직결된다는 점에서 사회의 문제만이 아닌 군에서의 문제도 분명히 대두될 것이라고 판단되었기 때문이다. 왕따를 당하는 학생들이 신음 소리를 내며 익명화된 눈초리의 폭력과 고독에 맞서 싸우듯이 병영 갈등의 중심에 있는 병사들 역시 그들과 같은 고통에서 헤어 나오기만을 바랄 것이기 때문이다.

병영 갈등을 징계를 통해서 해결하는 것은 겉으로 보기에는 쉬워 보일지 모른다. 하지만 위의 예에서 보듯 병사들의 생활 속에서 징계를 통해 근본적인 원인의 연결고리를 분쇄하기는 어렵다. 병영 갈등이 병사들의 내무반 생활 현장 속에서 끊임없이 재생산되는 한, 내무생활이라는 현장에 맞추어서 병영 갈등을 바라보아야만 한다.

남성의 '생애구조(life structure)'를 연구한 레빈슨(Levinson)은 대학진학이나 군복무는 가족과 사회 내에서 어린아이로 남느냐 아니면 완전한 성인의 지위에 도달하느냐 사이에서 사회제도가 제공하는 일종의 변이라고 하였다.

특히 우리나라의 청년들이 자신들의 주체성을 확립하고 꿈을 실현하기 위해 노력하는데 초점을 두는 청년(20대 초중반)시기에 있어서 군복무는 가족을 떠나 자신이 자라온 성장배경과는 전혀 다른 조직에 적응해야 하는 또 다른 과업을 갖게 하는 것이다. 군복무라는 새로운 환경에 21개월 동안 잘 적응하여, 인생의 발전기로 삼을 수 있는 기회의 장으로 활용하고 주어진 임무를 성실히 수행하며, 군의 현장에서 삶의 만족도를 높이도록 노력하는 것은 제대 이후에 다가올 사회에 대한 적응, 자기 성장과 삶의 질을 가늠하는 하나의 지표가 될 수 있다. 그렇다면 그들이 헌신해야 할 군은 어떠한 모습일까?

대한민국의 건강한 남아라면 대부분 20대 초반에 군에 입대하게 된다. 가족계획으로 저출산 시기에 태어나 급속한 경제성장과 더불어 물질적인 풍요를 누리며 자유분방하게 자기중심적이고 개성적인 삶을 추구하던 20대 초반의 신세대들이 임무 위주와 권위주의적인 군대조직에 적응하기란 쉬운 일이 아니다. 군은 엄격한 명령과 복종의 질서에 의해 움직인다. 그 안에서 병사들의 개성이나 사회성은 많은 제약을 받게 되는 것이 현실이다. 병사들은 입대 전에 가졌던 자신들의 지위, 학업 활동, 직장생활 등 모든 배경과 활동이 정지되고 가족과 심리적·정서적으로 분리된 공간 안에서 생활해야 하므로 욕구불만이나 정서적인 불안, 심리적인 갈등, 스트레스 등등을 이겨내야만 한다. 무엇보다 자라온 환경이 서로 다른 또래와 선·후임병사, 그들이 한 공간에서 함께 생활해야 하는 부대 내에서의 적응문제는 또 다른 역동이 있는 소집단의 문제로서 신세대 병사가 내무생활에 적응하는데 가장 큰 영향을 미치는 요인 중 하나이다.

▶ 우리 군 내부의 병영 갈등의 모습

우리 국군의 창군 이래 병영 갈등이 문제가 되지 않은 적은 없었다. 하지만 작금의 현실과 같이 모든 지휘관이 병영 갈등척결을 이야기하는 시대는 없었을 것이다. 병영 갈등의 끝이 자살이나 살인을 야기하는 사례는 2000년 이전에도 많이 있었다. 하지만 병영 갈등은 더욱 집요해지고 치밀해지고 있음을 우리는 여러 사건을 통해 알 수 있다. 앞서 소개했듯이 전후방 각지에서의 지휘관과 간부들은 최선을 노력을 다하여 병영 갈등색출을 위해 헌신하고 있다. 하지만 앞서 들었던 사례와 같이 간부들의 노력을 비웃기라도 하듯 병영 갈등은 우리 곁에 도사리고 있다. 마치 암세포처럼 말이다.

우리의 병사들은 약 2년 남짓한 시간 동안 엄격한 명령과 복종의 질서에 의해 움직이게 된다. 하지만 21개월 동안 오직 허용된 군인이라는 신분과 부대라는 장소에서 병영 갈등이라는 극한의 상황에 내몰리게 되면 그들은 언제든지 자살이나 살인 또는 탈영이라는 탈출구를 찾을 수밖에 없을지도 모른다.

상병이 병장의 '폭언 및 욕설'에 대한 스트레스의 탈출구로 일·이병에게 다시금 폭언 및 욕설을 하는 것은 흔한 병영 갈등의 현상이다. 문제는 도망칠 곳이 없이 몰린 일·이병이 결국 역습으로 돌아서는 경우이다. 강압적인 군이라는 집단에서 공격의 방향을 역전시키기 위해서는 필연적으로 과격해 질 수밖에 없다.

이렇듯 군의 일상에서 병영 갈등에 대한 직접적인 보복행위는 총기 난사나 상해와 같은 극단으로 향하는 경우가 많다. 특히 내성적인 성격의 병사나 초급간부들이 병영 갈등에 대한 스트레스를 참고 억눌러오다가 증오나 불만을 폭발시킬 때, 그것은 우리가 감당하기 힘든 모습으로 우리에게 다가올 것이 명백하다. 병영 갈등이 보이지 않는 일상에서 벌어지는 폭력임에 반해, 그 억눌림의 종착역은 더 강력한 폭력으로 분출될 수 있다.

병영 갈등은 생활관 한쪽 구석에서 일어날 수도, 연병장 사열대에서 일어날 수도, 지휘통제실에서 일어날 수도 있다. 하지만 병영 갈등의 마지막이 항상 폭력으로 끝을 맺지는 않는다. 실제로 병영 갈등의 끝은 대부분 가해자의 징계, 피해자의 보직(혹은 중대) 이동, 간부들의 중재 등으로 다른 모습으로 변모하게 된다. 하지만 그 변모의 끝 또한 우리가 관심 가지지 않는 순간 더 큰 병영 갈등으로 우리에게 다가올 수 있는 것을 알아야 한다.

▶ 농담관계로 보는 동기생 생활관에서의 병영 갈등

서두에서도 설명했듯이 인간이 생활하는 곳에서는 어떤 형식으로든 배척현상이 일어나게 마련이다. 하지만 우리 군 내부의 병영 갈등의 가혹함을 누구라도 목격한다면 그렇게 말하고 끝낼 일이 아니라는 걸 알게 된다.

병영 갈등은 일대일의 다툼이 아니라, 일대 집단이라는 형태로 이루어진다. 그리고 이 집단적인 현상은 매우 음습하고 길게 이어진다. 군내부의 병영 갈등은 과거와는 다른 형태로 변모하는 중인 것이다.

병영 갈등을 행하는 병사(혹은 초급간부)는 그저 재미삼아 할 생각이었는데 당하는 병사는 그것을 가벼운 장난으로 흘려보낼 수 없기 때문에 더욱 어려운 문제로 병영 갈등이 우리에게 다가오는 것이다. 이렇듯 장난(가해자)과 진지함(피해자)이라는 구도가 생활관에서의 병영 갈등의 일반적인 모습이다. 실제로 마음의 편지나 혹은 개인면담을 통해서 식별한 병영 갈등의 내용을 토대로 사실관계를 조사하다 보면 피해자를 제외한 가해자집단의 대답은 거의 정해져 있다고 봐도 된다.

"난 장난이었는데, ○○는 잘 안받아줍니다. 저희는 그냥 재미 삼아 한 것이었고 ○○와 좀 더 친해지고 다가가기 위한 것이었습니다"라는 대답이 가해자 답변의 거의 정해진 레퍼토리이다.

문화인류학에서는 서로 놀리거나 농담을 주고받을 수 있는 관계를 '농담관계(joking relationship)'라고 표현하는데 통상 두 사람 사이의 관계에서 성립한다. 한쪽이 다른 쪽을 조롱하거나 심심풀이로 놀리는 것이 용인되는 관계인 것이다. 어떤 때에는 그렇게 하는 것이 필요하다고 여겨지는 관계이기 때문에, 그런 취급을 받는 쪽은 화를 내지 않도록 요구받는다. 그런 관계는 일방통행식으로 고정된 경우도 있고 서로 입장이 뒤바뀌는 일도 있다. 풀어서 이야기하면 농담관계라는 것은 우정과 적의가 묘하게 뒤섞여 있고, 거기에는 중대한 의미가 담겨 있는 것이 아니기 때문에 심각하게 받아들여서는 안 된다는 불문율이 자리하고 있는 것이다. 사실 농담관계가 일방통행식이 아니고 서로 입장이 언제든 뒤바뀌는 상태를 서로 용인한다면 농담관계가 병영 갈등이라고 인식되기는 어려울 것이다. 하지만 대부분 군에서의 농담관계는 일방통행식이며 농담관계의 진정한 의미인 적의와 진정한 전우애의 혼합이라기보다는 한 명(또는 여럿)이 한 명을 배척하기 위한 수단으로 농담관계를 악용하고 있는 것이 현실이다.

군 내부의 병영 갈등을 이해하기 위해서는 농담관계를 이해하는 것이 중요한데 실제로 군 외부에서 농담관계가 성립되는 이들은 대부분 가족이다. 간단히 예를 들자면 아직 언어에 미숙한 조카에게 삼촌이 "○○은 달리기도 못 하고 못생겼데요"라고 하면 조카가 "삼촌 자꾸 그러면 엄마한테 이를 거야!"라고 대답하는 것이 '농담관계'의 대표적인 사례이다. 그렇다면 농담관계가 대한민국 군의 병사들 간의 관계에서는 성립될 수 있을까?

인간과 인간이 기본적으로 친분을 쌓기 위해서는 통상 많은 기억을 공유하며 서로를 이해해야만 한다. 대한민국 병사들은 대부분 규정된 생활관에서 내무생활을 하며 24시간 중 대부분을 같이 보내게 되는데 이는 대한민국의 청년들이 일상적으로 만나게 되는 어떠한 인간관계보다 보내는 시간이 길다. 그렇기에 군에서 병사들 간에 농담관계는 제한적으로 성립될 수 있는 것이다. 하지만 문제는 근래의 내무생활에서 관찰되는 농담관계는 일반적인 농담관계라 이야기하기 어렵다는 점에 있다.

병영 갈등에 대해 생각할 때, 이 농담관계는 시사하는 바가 매우 크다. 병영 갈등이라 불리는 현상 속에는 분명 농담관계라고 판단할 만한 것들이 포함되어있다. 예를 들면 한 병사(혹은 간부)가 분위기 메이커 역할을 맡고 있기도 하고, 집단 내 다른 사람들에게 조롱당하기도 하고,

심심풀이 상대가 되기도 하고, 집단을 밑바닥에서부터 떠받치는 장치가 되기도 하는 예가 바로 농담관계이기 때문이다. 어떤 사정으로 인해 농담관계의 중심에 있던 자가 떠나면 남겨진 자들은 말로는 다 하지 못하는 공허함 속에서, 그 익살을 부리던 구성원이 자신들에게 얼마나 중요한 존재였는가를 알게 된다.

예전부터 어떤 생활관에서든 그런 분위기 메이커 역할을 하는 구성원이 있었다. 거기에서는 농담관계라 불러도 지장 없는, 겉으로 봐서는 적의와 진정한 전우애가 뒤범벅된 광경이 자주 연출되었을 것이다. 농담관계에서는 조롱당하는 쪽이 화를 내거나 심각하게 받아들여서는 안 된다.

병영 갈등이 일어나는 생활관 내에서의 가해자들은 자신들의 행위를 이와 같은 암묵적 약속의 기반 위에 성립하는 농담관계의 일종이라 주장한다. 피해자가 화를 내며 심각하게 받아들이면 나머지 가해자들은 게임의 규칙을 이해하지 못하는 '개념 없는 놈'이라고 비웃으며 더욱 심하게 피해자에게는 괴로운 장난 아닌 장난을 진행한다.

결국 생활관 내 병영 갈등의 가해자는 대개 매우 진지하고 또한 놀이의 개념과는 거리가 먼 심리상태 속에서 피해자를 괴롭히는 행위에 나서게 되는 것이다. 병영 갈등이 맹위를 떨치고 있는 현장은 그만큼 해당 집단의 단결이 저해되고 해체의 위기에 처해 있다고 봐도 좋다. 어찌 되었든 생활관 내부에서의 병영 갈등은 농담을 매개로 한, 적의와 진정한 전우애가 혼재된 관계로 성립하고 있지는 않다.

▶ 집단의 희생양을 만들기 위한 수단으로서의 병영 갈등

근래의 왕따와 병영 갈등의 특징은 이전처럼 일대일의 괴롭힘과 멸시가 아니라 일대 집단의 관계속에서 은밀히 이루어지고 있다는 것이다. 결국 두 가지 현상은 매우 엄숙하게 구성원 전원일치의 의지로 진행되고 있는 것이다. 희생양으로 결정된 인원은 집단의 부족한 결속력이라는 위기를 구제하기 위해 희생되고 있는 것이다.

두 가지 현상(왕따와 병영 갈등) 모두 형태가 드러나게 되면 일대 전원이라는 특징적인 구조가 파악되게 된다. 보통 피해자는 집단의 괴롭힘 안에서 반론도 도망도, 혹은 변명도 침묵도 허락되지 않는 것이 대부분이다. 피해자는 누구를 책망할 수도 없이 괴로운 상황이 연출되게 되는데 이러한 책망이 가해자를 향하느냐 피해자 자신을 향하느냐의 칼날 위에서 피해자는 춤을 추는 것이다. 가해자를 없애느냐 피해자를 없애느냐 모두 피해자에게는 두려운 일이지만 앞에서 설명했듯이 반격은 충동적이고 파괴적인 행위이기에 언제든 일어날 수 있는 것이다.

왕따와 병영 갈등 모두 전원일치의 폭력이 관철된 희생양을 만드는 과정으로 파악하고 구성원들을 둘러싼 상황의 변화를 관찰해야 한다. 더 이상 이 행위는 인간의 본성이라며 묵인하기에는 가혹하며, 나아갈 수도 다가갈 수도 없는 상황 속에서 전개되어 가는 구성원 전부를 잠식하는 사과 박스 안의 썩은 사과와 같은 존재이다.

두 현상에 대한 사건 개요 등을 찾아보면 그곳에는 상호 간 소통의 한 형태라고 할 수 있는, 예전(고대시대)부터 존재했던 전원일치의 배척 또는 집단의 단결(올바른 방향은 아니지만)을 위한 희생양을 만드는 활동이 합쳐져 있다는 것을 알 수 있다. 후자 즉 집단의 단결을 위한 희생양을 정하는 활동으로서의 왕따 혹은 병영 갈등이 우리 병사들의 현재를 해석하는데 유효함은 설명할 필요가 없을 것이다. 전자의 현상은 인류가 호모

사피엔스였던 시기부터 지속적으로 인류와 함께해왔기 때문이다. 인류가 외계인의 침공이나 소행성의 충돌로 멸종되지 않는 한 전원일치의 배척행위는 우리 곁에 있을 것이다. 그렇기에 우리는 집단의 단결을 위한 희생양을 찾는 활동으로서의 병영 갈등을 집중 조명할 필요가 있다.

보통 병영 갈등의 피해자들에게는 일반적인 공통점이 있는데 공동의 '룰'을 따르지 않는 인원, 뚱뚱하거나 몸이 불편한 인원, 고집이 강한 인원, 동작이 둔한 인원, 씻지 않아서 냄새가 나는 인원 등이다. 물론 앞서 예를 들지 않은 측면이 그들을 '배척' 행위의 중심으로 이끌 수도 있다. 하지만 배척의 원인이 무엇이든 그것은 집단과 피해자 사이에 보이지 않는 벽으로 작용할 것이다. 이렇듯 군에서 뿐만이 아니라 사회에서도 반감을 줄 수 있는 인원이 앞서 설명했던 병영 갈등의 피해자가 될 가능성이 다분하다. 만일 위의 특징을 가지고 있는 이들이 군이라는 작은 사회 안에서 눈에 보이지 않는 규범에 적응하지 못한다면 그들은 십중팔구 간부들에 의해 음지로 소외되기도 하고 나아가 병사들 사이에서 '상태' '찐따' 등으로 불리며 병영 갈등의 표적이 될 것이 불을 보듯 뻔하다.

군 내부의 병영 갈등을 살펴보면 배후에 간부(혹은 병분대장)의 영향력이 보이는 경우가 많다. 환복 속도 등 전체적인 동작이 느린 병사가 간부가 지시한 집합시간에 몇 번 늦게 되면 간부의 조바심에 민감한 병사에게 이는 금방 포착되게 된다. 병사들은 그들에게 전지전능한 권력자인 간부들의 의도를 전적으로 따르게 되는 것이다. 사실 환복하는 것이 느리다거나 약속 시간에 잠시 늦는 것은 사회에서는 큰 문제가 되지 않는다. 하지만 사회의 상식이 군 내부에서 동일하게 인식되지 않는 것이 현실이다. 군에서 그런 병사는 다른 병사들로부터 공공의 적이 되지 않을 수 없다. 그러면 곧 몇 명의 주동자(가해자)를 중심으로 잘못을 저지른 병사를 둘러싸게 되고 그것은 곧 병영 갈등의 그물망으로 형성되게 되는 것이다. 그것은 해당 간부의 의도와는 상관없이 그의 숨은 의향에 의해 발현되는 것이다.

반항적인 인원, 보호 관심이 필요한 인원, 사소하지만 문제를 일으키는 인원 등 간부가 무의식중에 특이점을 느끼는 병사들을 배척하는 것은, 병사들로서도 간부와 보조를 맞춰가는 일임과 동시에 해당 조직의 공동성을 유지하는 것이기도 하다. 조금이라도 다른 행동·다른 의도를 가진 병사를 가차 없이 제재하고, 배척하는 집단심리가 군 내부에서 작용해 왔던 것이다.

그러나 요즘의 병사들 사이에서의 병영 갈등의 모습은 이전과는 사뭇 다른 모습을 보여주는 경우가 많다. 작금의 현실은 인성이나 행동적인 부분에서의 배척 요소 뿐만 아니라 간부들의 사랑을 독차지하는 병사가

병영 갈등의 표적이 되는 경우도 어렵지 않게 찾을 수 있다.

　오랫동안 병사들을 지켜본 행정보급관과 같은 간부들과 이야기를 하다보면 이전에는 신체적·정신적인 불리함을 가지고 있는 병사들이 배척의 대상이었다면 근래에는 정반대로 성실한 인원이 착한 척, 잘난 척한다고 비난을 받거나 잘생긴 인원, 집이 잘사는 인원, 학력이 우수한 인원이 병영 갈등의 피해자가 되는 경우가 많다고 한다. 결국 병영 갈등의 화살이 집단내의 누구에게든 향할 수 있다는 것을 알 수 있다.

　실제로 더 이상 피해자의 대상은 특정한 누군가가 아니다. 극단적으로 말하면 그 어떤 누구에게도 화살은 돌아갈 수 있는 것이다. 그렇기에 '내일은 내 차례'라는 일상적인 불안감이 병영 갈등을 음습하고 뿌리 깊게 만들고 있는 것이다.

　요즈음의 병영 갈등은 정말로 사소한 것에서 시작된다. 집합시간에 늦어서, 잔반을 많이 남겨서, 뜀걸음에 열외 해서 등등 이전에는 구성원의 안에서 수용되며 통용되었던 모든 것들이 병영 갈등의 방아쇠가 될 수 있는 것이다. 식사 집합 간에 중대장이 시킨 작업으로 열외한 통신병에 대해서 몇 명의 병사가 "○○새끼 요즘 개념이 없다니까?"라고 속삭이는 순간, 비극의 전주곡이 시작하는 것이다. 집단의 이유 없는 배척행위로 병영 갈등의 형식이 바뀐 것이다.

　앞서 설명한 것과 같이 더 이상 피해자의 특징은 유동적·상대적이며 절대적인 잣대로 기준을 정할 수 있는 것이 아니다. 기준을 굳이 정하자면 평균에서 벗어난 것이 유일한 기준일 것이다. 그렇게 우리의 병사들은 군 안에서의 자신의 위치를 끊임없이 가늠하면서 배척시킬 대상을 물색하는 것이다. 성격이 어두운 병사가 피해자가 될 수 있는 가능성도 있지만 반대로 성격이 밝은 병사 역시 피해자가 될 수 있는 것이다. 평균치에서 더 하는 것도 덜 하는 것도 아닌 중도를 지키는 것, 그것이 학교에서부터 이어진 우리 병사들의 처세술이 되어 버리고 말았다.

지금의 병사들에게 군이라는 집단은 성인사회 이상으로 끊임없이 신경을 곤두세우지 않으면 안 되는 곳이 되어버렸다. "병영 갈등의 피해자가 되지 않으려면 어떻게 하는 게 좋을까?"라는 질문의 답은 "튀지 않을 것, 남과 다른 행동을 하지 않을 것!"이라고 답변을 해야만 하는 지경에까지 오게 되었다. 지금의 병사들은 자신에게 집중하기 보다는 끊임없이 중대장 혹은 소대장의 눈치를 보며 튀지 않도록 무의식적으로든 의식적으로든 행동을 규제하지 않으면 안 된다. 이런 병사들의 현실이 지금 우리 군에 시사하는 바는 무엇일까?

▶ 병영 갈등이 식별이 되지 않는 이유

여기까지 읽게 된 독자들의 머릿속에는 의문점이 분명히 있을 것이다. "그렇다면 병사들과 생활하는 간부들은 왜 저런 현실을 식별하지 못할까?" 사실 고백하자면 간부들의 눈에는 병영 갈등이 잘 식별되지 않는다. 그 이유는 병사들이 그 모습을 보여주지 않기 때문이다. 요즘 병사들은 똑똑하고 영악하여 간부들의 눈에 띌 만한 행위를 할 정도로 어리석은 존재가 아니다. 물론 간부가 현장을 식별한다 하여도 그 행위가 장난인지 괴롭힘인지 식별하기는 쉽지 않다. 더군다나 피해자 역시 사태가 더 심각해질 것을 두려워하고 피해자라는 역할이 자신에게 주어진 슬픈 역할이라는 체념의 결과로 가해자들의 변명에 대부분 동의한다. 간부들도 식별하기 어려운 그 상황에서 강하게 밀고 나갈 수 없기에 병영 갈등이 식별되기 어려운 것이다. 물론 간부의 눈에 띄는 병영 갈등이 일어나기도 한다. 하지만 그것은 더 이상 병영 갈등의 문제가 아니며 간부의 무력함에 도발하는 단계까지 넘어간 것으로 하극상이 일어나기 바로 이전 단계로 보아도 무방하다.

병영 갈등이 불행한 사건으로 종결되었을 때, 하나같이 부모와 형제들은 분노하게 된다. 그들 입장에서는 중대장 혹은 행정보급관이 아무것도 하지 않은 것으로 생각하게 된다. 상처받은 가족의 입장에서는 당연한 일이지만, 가족 입장에서도 식별하지 못했듯 중대장과 행정보급관도 식별하기 어렵다는 것을 모두가 알아둘 필요가 있다.

▶ '무시'라는 방식의 배척행위

구타 및 가혹 행위 혹은 폭언 및 욕설 등은 피해자가 가해자와 피해 사실을 간부들에게 이야기하면 사실관계 조사를 통해 간단히 해결할 수 있는 문제다. 하지만 가장 난해한 난제는 간접적으로 이루어지는 집단의 폭력에 대한 것이다. 특히 집단적 무시는 피해자 입장에서 해결할 수 있는 일체의 수단이 봉쇄되어 있다. 그런 의미에서 본다면 무시는 가장 잔혹한 배척 행위임에 틀림 없다.

무시는 일대일의 상황에서는 효과가 없으나 일대 집단이라는 불균형을 배경으로 할 때, 비로소 유효한 수단이 될 수 있다. 가장 고도로 상징화된 전원일치의 배척행위가 바로 무시인 것이다.

기상을 하고 모포가 지저분하여 털고 싶어도 아무도 상대해 주지 않고, 뜀걸음을 마치고 아침을 같이 먹을 사람이 없고, 일과 집합 시간은 누구에게도 전파받지 못하고, 눈치보고 알아서 집합준비를 해야 한다. 생활관에도 행정반에도 도서관에도 P.X에도 어디에도 있을만한 곳이 없다. 만일 이러할 때 피해자가 폭력적인 방법으로 보복행위를 시작할 경우 그 결말이 비극적이 될 것을 따로 이야기하지 않아도 누구나 알 것이다.

무시는 어디까지나 간접적이고 추상적이다. 직접 손을 쓰지 않고도 매우 효과적으로 희생자를 말살할 수 있는 집단폭력이다. 구성원의 바깥에 있는 사람에게는 보이지 않고, 식별되는 경우도 드물다. 관찰자의 입장에 있는 병사들도 외부로 누설하는 반응을 보이지는 않는다. 무시의 대상이 되어 중대 내에서의 모든 소통수단을 차단당한 병사는 어디에도 갈 수 없는 상황으로 내몰린다. 정신적으로 말살되고 있는데도 거기에 대항할 만한 수단이 없다. 오로지 참고 견디는 수밖에 없게 되는 것이다. 다음날도 그리고 또 다음날도, 죽은 것이나 마찬가지인 모진 고통이 이어진다. 다시금 구성원의 일원이 되기 위해서는 간부에 의해서 인정받거나 획기적인 반응의 변화 없이는 힘들다. 무시라고 하는 배척의 방법은 무척 변덕스러워서 언제나 누구에게나 피해자가 될 수 있는 가능성을 남겨두게 한다.

▶ 획일화된 가치를 요구하는 군

군뿐만 아니라 하나의 폐쇄된 질서 공간은 반드시 이방인을 배제하는 장치를 숨기고 있다. 지금 우리가 이야기하고자 하는 병영 갈등 문제도 그런 민속학상의 테마와 공통성을 갖고 있고, 배제의 구조라는 특이성의 일부로서 해석될 수 있다.

군은 지극히 폐쇄적인, 굳이 표현하자면 사회로부터 격리된 질서 공간이다. 군인이라는 제약 그 자체가 강박성을 본질적으로 취하고 있으면서 그것을 감추고 있다. 그 강박성은 군 바깥에 있는 사회인들의 상상을 뛰어넘는 압박감으로 병사들을 꼼짝 못 하게 하고 있다.

군이라는 공간에서 구성원은 모든 활동에서 일정한 속도와 수준을 유지하도록 요구받는다. 그것이 불가능한 인원은 조직의 계획된 시간을 흐트러트린 공동체의 단결을 저해하는 원인으로 치부되어 소외당할 운명에 처한다. 특히 훈련이 진행되는 가운데 배척당하는 병사의 입장은 정말이지 비참하다. 동작이 둔한 병사, 장구류를 잃어버리는 병사, 인원 파악 간에 없어지는 병사 등 조직의 움직임에 불편을 주는 병사(혹은 초급간부)는 '저 녀석만 없으면…'이라는 집단심리를 불러일으키고 이것이 병영 갈등의 모체가 됨을 굳이 설명하지 않아도 모두가 알 것이다. 소수에서의 배척이 결국 다수의 배척으로 이어지게 되는 것이다.

이렇듯 끊임없이 긴장이 존재하는 생활관에서는 대개 병사들 간의 질서 위계는 상대적이며 변화무쌍하다. 서열이 언제 뒤집힐지 예상할 수 없으며 각각의 병사들이 생활관 내에서 차지하는 위치는 미묘하게 흔들리며 움직인다. 자신보다 높은 위치의 병사는 집단에 의해 질투라는 형태의 배척을 당하고, 반대로 낮은 위치에 있는 아이는 멸시와 소외라는 형태로 배제를 향해 내달리게 된다. 병영 갈등은 병사들 자신이 생활관 내에서 자신들의 존재성을 확인하는 과정이기 때문에 더더욱 문제의 심각성이 숨어있다고 말할 수 있다.

▶ 피해자에서 가해자로 가해자에서 피해자로

지금까지는 군 내부에서의 배척 현상에 대해서 설명했다. 하지만 사실

이미 군에 들어오기 이전에 군의 모든 구성원들은 이미 군에서 적응하지 못할 것이라고 예상되는 인원들을 이미 '도태' 시킨 상태다. 간부들과 병사들 모두 선발된 인재인 것이다. 그리고 군은 지속적으로 복무에 부적합한 인원들을 도태시키고 있다. 군이라는 공간을 균질적인 구성원으로 채우기 위한 노력이 군 내부적으로도 진행되고 있는 것이다. 다시 말하면 군이라는 집단은 간부부터 병사들까지 끊임없이 기준에 맞지 않는 인원을 배척시켜 이질적인 것, 치우쳐진 것, 불투명한 것에 대한 가능성을 줄이는 것이다.

그래서인지 군의 구성원들 가운데에서는 절대적인, 가시적인 차이는 찾아보기 힘들다. 차이가 용납되지 않는 상황이 되어버린 것이다. 군이 이렇게까지 오게 된 것에는 연속적인 도태의 반복으로 인하여 살아남은 이들이 서로 끊임없이 자신들의 위치를 확인하며 경쟁하는 구조가 갖추어졌기 때문이다. 이는 간부들뿐만이 아니며 병사들도 마찬가지다.

각자의 특성이 용납되지 않는 가운데 결국은 자신들의 특성을 상실한 상황, 그렇기 때문에 끊임없는 차이의 역전·치환 같은 변하기 쉬운 상황을 부여받은 구성원들은 모든 역할을 고정적으로 유지할 수 없어, 이른바 만들어진 분신으로서 행동하지 않을 수 없다. 병영 갈등의 가해자와 피해자도 예외는 아니다. 오늘의 가해자가 내일의 피해자가 될 수 있다는 걱정에 가득 차있다. 차이를 상실해 버린 상황에서 누구나가 상호 폭력에 의해 위협당하며, 놀림의 대상이 되어 있는 것이다. 미미한 차이를 띠고서 군이라는 현장을 떠도는 분신처럼 아주 비슷비슷한 구성원들이 이번엔 누가 표적으로 선택될지 예측이 불가능한 상황 속에서 전전긍긍하며, 절대로 희생양은 되지 않겠다며 모두 눈치싸움을 하고 있는 것이다.

이전에는 병영 갈등을 못 하게 말리거나 조용히 보기만 했던 대다수 병사들이 지금은 가해자가 되어 적극적으로 가담하는 실정이다. 가해자의 구성원이 되는 것을 거부한다면 새로운 희생자를 자처하는 것이나 다름없기 때문이다.

하지만 여기서 주목할 점이 있다. 피해자의 주변의 불특정다수의 인원들이 이 문제의 가장 보기 어려운 맹점이다. 현재의 군의 구조상 그들과 피해자의 사이에는 아주 사소한 차이밖에는 존재하지 않기 때문이다. 즉 그들은 언제나 자신이 희생양으로 지명될 수 있다는 것을 알고 있기 때문에 항상 불안에 떨고 있다. 자신이 피해자가 아닐 때에는 피해자가 불쌍하다고 느끼면서도 한편으로는 다음에 자신의 차례가 올 수 있음을 걱정한다. 그렇기 때문에 그들은 울며 겨자 먹기로 가해자의 편에 설 수밖에 없으며 간부나 마음의 편지에 보고하지 않는 것이다. 친한 사이였다 해도 가해자와 피해자로 나뉘는 경우가 종종 있다. 얼마 전까지만 해도 사이가 좋았던 병사가 갑자기 가해자로 변하는 일은 흔한 일이다. 오로지 피해자가 되지 않기 위함으로 가해자가 되는 사례는 예상외로 많다. 현재 군의 '병영 갈등' 속에서의 가해자와 피해자의 관계는 매우 불안정하다. 상황이 변덕스러울 정도로 쉽게 변한다는 현실의 냉정함을 잘 알고 있는 병사들은 누군가가 계속해서 희생자가 되어 주는 것으로 그들의 위치가 안정적임을 인지하고 안도할 수 있는 것이다.

기본적으로 개인의 심리적 안정이란 타인과 나의 차이를 인정하고 그 차이를 통하여 자신의 위치를 인지하는 과정에서 정립되는 하나의 마음 속 '질서'이다. 하지만 위에서 설명하였듯이 구성원 간의 차이가 점차 없어지다가 결국은 소멸될 때, 군의 구성원들은 모방욕망의 포로가 되지 않을 수 없을 것이다. 서로 모방하여 동일화되어 가는 것은 다양성의 사회 속에서 유영하던 자유로운 영혼들이 군 내부에서는 평균이라는 닻줄에 걸려있는 배와 같이 이러지도 저러지도 못하는 것이다. 결국 군의 구성원들은 자신의 본모습을 버리고 군이 원하는 모습을 분신으로 만들어 분신화하게 되는 것이다.

이 분신화야 말로 차이의 소멸을 피하기 어려운 최종상태이다. 결국 타인과의 차이를 인정하고 그 차이 안에서 자신이 설정한 질서가 흔들리게 되는 것이다. 타인과 자기 자신의 차이가 있어야 마음속 질서가 성립하게 되는데 개개인의 차이점은 점차 없어지는 상황 속에서, 자신과 분신 모두가 존재해야만 하는 상황에 군의 구성원들은 던져지는 것이다.

차이의 소멸. 이 질서의 위기에서 하나의 방어 기재가 작동하기 시작한다. 바로 '희생양 찾기'이다. 전원일치의 폭력으로 인한 공공의 희생양. 엇비슷한 구성원 속에서 아무것도 아닌 것을 꼬투리로 잡아 한 사람의 희생양이 선택되면 위에서 설명했던 분신들 사이에서 이리저리 난무했던 악의와 폭력은 순간적으로 피해자를 향해 집중이 된다. 이렇게 공공의 희생물을 통해서 구성원은 새로운 차이의 체계 재편으로 향하게 되고, 이로써 집단의 위기는 피해자만을 남기고 비껴가게 되는 것이다.

군이라는 장소는 그것이 질서를 이루는 공간인 이상, 끊임없이 차이의 매커니즘으로 뒷받침되고 있다. 차이의 체계 위에 성립하고 있는 것이다. 그리고 거듭 이야기하였듯이 지금 군에서는 가시적인 차이가 나는 인원들을 가차 없이 도태시키고 있는 현실이다. 남은 구성원들은 극히 미세한 차이를 가진 채로 군 생활을 견디는 것이다. 군의 구성원들은 확실히 모방욕망에 유혹에 빠져나오지 못하고 있다. 잘하지도 못하지도 않을 것, 구성원의 평균적인 모습에서 크게 벗어나지 않을 것 등 자신이 군이라는 곳에서 지내기에 적합한지 지칠 때까지 계속 확인한다. 결국 현대의 군의 구성원들이 선택한 처세술은 그들 스스로가 집단의 움직임에 맞추어 끊임없이 분신화해 나가는 것이다. 군이라는 장소 안에서 서로 분신화된 구성원들이 연출하고 있는 병영 갈등라는 현실은 자신과 분신 사이의 갈등을 해소하지 못하는 치기 어린 구성원의 현실일지도 모른다. 분신의 살육에 매달리는 구성원들 그것이 병영 갈등이라는 이름으로 피해자를 가장 밑바닥에 깔아놓고 올라선 우리들의 숨겨진 모습이다.

이것을 풀어서 이야기하면 군 내부의 질서가 상호폭력과 혼돈의 폭풍 속에서 붕괴의 위기에 직면해 있음을 의미한다. 결국 현재 군이라는 집단은 적이 아닌 아군과 살을 맞대고 지내면서도 극도의 긴장감이 흐르는 고독한 집단인 것이다.

▶ 병영 갈등으로의 진행

장구류를 잃어버리거나 집합시간에 늦었을 때 집요한 병영 갈등이 시작되는 것은, 그러한 사소한 실수가 군이라는 집단의 구성원 사이의 공동성을 위협하는 것이기 때문이다. 사회가 다양화되고 청년들이 성장하면서 과거보다 더욱 많은 변인이 성장에 영향을 미치게 되면서 군의 구성원들 또한 과거보다 스펙트럼이 더욱 넓어지게 되었다. 그렇기 때문에 요즘 군 구성원들의 공동성은 매우 취약하고 불안정하다. 그렇기 때문에 그들의 관계는 강박적인 규정과 방침에 의해서밖에 유지될 수 없는데 그것은 통제할 충분한 여건이 마련되었을 때만 가능한 이야기이다. 물론 대부분 상황은 그렇지 않고 그렇기에 안정된 질서도 위계체제도 존재하지 않는다.

분명한 차이로 인해 도태될 일이 없는 분신화된 군의 구성원들은 상호 폭력의 소용돌이에 휘말리게 된다. 자신와 그림자(분신화된 자신)와의 갈등 아닌 갈등이 연속되어 생활관 여기저기서 끊임없이 일어나게 되는 것이다. 피해자의 대상이 고정되어 있는 것이 아니기 때문이다. 현재 군을 잠식하고 있는 이러한 특이한 광경은 차이의 상실, 다시 말해 분신화와 상호폭력의 단계에서 나타난다.

사실 어느 정도 작은 충돌과 갈등이 되풀이된다 해도 병영 갈등이라고 할 수 있는 현상이 일어나는 것은 아니다. 차이의 소멸, 분신화, 상호폭력… 거기서 피해자가 발생하는 것인데, 여기에 관심을 가질 수 있는 간부는 많이 없다. 심지어 집단적인 무시 현상을 동반한 병영 갈등이 진행되고 있을 때에도 눈치채기는 어렵다.

마침내 희생양의 역할을 떠맡길 인원이 나타나면 병영 갈등은 시작된다. 이미 시작된 병영 갈등은 중대장이나 소대장의 시야에서 벗어나 교묘하게 은폐되고 있다. 마음의 편지나 면담 등으로 실마리를 발견할 수도 있겠지만 탈영 및 폭력 행위 같은 돌발상황이 간부들 모르게 발생될 수도 있는 것이다.

특정한 희생양이 선정이 되면 집단적으로 피해자를 배척시키는 단계로 상황이 급박하게 진전된다. 차이를 상실한 상황이기에 조그마한 실수가 평범한 구성원을 피해자로 만들어 버리는 것이다. 단 한 명의 희생양을 전원일치의 의지로 질서의 바깥으로 배척하고 나서 생활관은 잠깐

안정을 회복한 것처럼 보인다. 그렇지만 피해자가 탈영 및 자살 등으로 역할을 포기하면 순식간에 생활관 내부는 다시 차이의 상실이라는 상황 속으로 전락해 버린다. 모습과 형태가 비슷한 구성원들 속에서 또 다른 피해자를 옭아매기 위한 피해자 고르기 게임이 다시 시작되는 것이다.

이렇듯 공공 희생양 찾기를 위한 게임이 진행되는 한, 누구 하나 집단에서 도망치는 것은 허락되지 않는다. 종종 가해자가 되는 것을 거부하여 새로운 피해자로 지목되기도 하기 때문이다. 구성원들은 이를 누구나 뼈저리게 알고 있다. 공공의 희생양은 전원일치의 동의를 원칙으로 한다. 이 전원일치의 원칙을 깨는 자는 집단의 질서 그 자체에 대한 위배 행위를 행한 자로서, 살벌한 기피의 대상이 되는 것이다.

군 구성원들의 경우에는 병영 갈등이 윤리적으로 악이라는 것을 잘 알고 있고, 압도적인 강제력 앞에 속수무책으로 당하며 결국은 버려지는 대상이라는 것도 잘 안다. 병영 갈등은 예전부터 존재했다. 그렇다 백번 천번 맞는 말이다. 하지만 이렇게까지 군의 모든 구성원을 꼼짝 못하게 만들고, 끝도 없는 상호폭력의 희생양 게임의 소용돌이로 몰아넣고 있는 시대는 없었다.

▶ 선임과 후임간의 갈등

흔히 선임과 후임 사이는 아끼고 사랑하는 관계라고 생각될 수 있겠지만 선임과 후임 사이의 전우애는 내무생활을 하며 얼굴을 마주 보며 오랜 시간을 보낸다고 저절로 생기는 것이 아니다. 오히려 선임과 후임의 사이는 갈등을 피할 수 없는 관계에 가깝다. 특히 현재 대한민국 군에서 적용하고 있는 동기 생활관 제도 아래서 선임과 후임의 관계는 제도가

시행되기 이전과는 확연히 다른 모습을 보여주고 있다.

동기생 생활관이 시행되기 이전의 선임들은 후임들에게 많은 영향력을 행사할 수 있었다. 하지만 지금은 아니다. 분대장이 아니면 후임병에게 지시 및 간섭을 할 수 없음은 물론이고 분대장의 권한역시 이전에 비해 제한적이다. 이전보다 대우를 받지 못한다고 여기는 선임들의 불만은 오롯이 후임들에게 향할 수밖에 없다. 하지만 그럴수록 간부들의 지적과 질타는 선임들에게 집중되고 선임병들의 내면의 폭풍은 깊어져만 가다가 결국에는 군의 현실을 체념한 후에는 마음의 문을 닫고 위축되게 된다. 그렇기 때문에 선임병들은 외롭고 소외감을 항상 마음의 한켠에 느끼며 생활하게 되는 것이다.

선임과 후임 간의 갈등은 어느 정도 자연스러운 것이다. 하지만 이를 치명적인 상황으로 만드는 것은 간부들의 차별대우이다. 편애는 간부와 편애 대상, 그리고 편애의 피해자 모두에게 부정적인 결과를 초래한다. 간부의 사랑을 받지 못하는 계층은 자존감이 낮아지고 열등감에 사로잡히게 된다. 간부의 관심을 독차지한 계층 역시 많은 문제를 보인다. 전역 이후에는 간부와 같은 일방적인 관심을 주지 않기 때문에 병사들은 좌절하기 쉽고 이로 인해 사회생활에서 부적응을 겪게 된다.

우리가 알아야 할 것은 간부가 일정 계층을 편애하지 않으려고 최선을 다한다 해도, 병사들은 다르게 느낄 때가 많다는 것이다. 간부들로서는 억울해 할지도 모르겠지만 간부로부터 차별과 편애를 받았다고 불평하는 병사들이 의외로 많다. 선임과 후임은 같은 간부의 제한된 관심을 두고 끊임없이 경쟁하며 서로 상처를 주고받는다. 간부의 사랑과 관심을 원하는 만큼 병사들은 다른 병사들에게 간부들이 대하는 태도나 말에 매우 민감하게 반응한다. 특히 특정계층을 지칭하는 발언은 왜곡되게 전달되어 열등감을 느끼게 되며 죄 없는 이를 미워하게 된다.

그러므로 간부 입장에서는 병사들 사이에 문제가 발생했을 때 단지 선임이라는 이유로, 후임이라는 이유로 지적해서는 안 된다. 그리고 병력들이 편애에 대해서 불만을 토로할 때, 순간적으로 부정하고자 하는 마음이 생기더라도 병사들의 속상한 감정을 이해해주어야 한다. 그리고 다

시 그런 일이 일어나지 않도록 왜 그런 생각을 하게 되었는지 진지하게 물어보면서 충분한 대화를 나누는 것이 좋다.

선임과 후임 간에 심한 갈등을 겪고 있는 병사들은 스트레스로 인해 심리적 불안감을 느낀다. 불안정한 병사들은 충동적으로 행동하고 어느 순간에는 마음의 문까지 닫아 버리는 경우도 있다. 선임과 후임 간의 관계가 좋지 않을 때 간부는 화부터 내기보다는 병사들의 마음을 읽어주고 감정에 공감해주어야 한다. 갈등 상황을 알아채고 적절히 중재하지 않는다면 관계개선은 요원한 일이 될 것이다.

내무생활을 같이하면서 오랜 시간을 같이 보내는 선임과 후임 사이지만 서로 전우로 느껴지기 위해서는 간부의 노력이 있어야만 함을 기억해야 한다. 간부는 병사들 중 누구 하나도 소외감을 느끼거나 자존감을 잃지 않도록 배려하고 사랑과 관심을 골고루 나누어 주어야 한다.

병사들은 선임과 후임 간의 상호작용을 통해 협상하고 배려하고 경쟁하면서 작은 사회인 군에서 어떻게 생활해야 할지를 배워가게 된다. 싸우며 협상하는 과정에서 문제 해결 능력을 자연스럽게 익히고 동기들과 협력하는 지혜도 배울 수 있다. 선임과 후임은 서로에게 가장 좋은 역할 모델이자 같은 환경에서 생활한 추억을 공유하는 사이이다. 간부들이 편애와 편견 없이 고른 애정을 줄 수 있다면 선임과 후임은 자연스럽게 갈등을 조정하고 서로를 인정하는 법을 배우며 전우애를 키울 수 있다. 이렇게 함께 군 생활을 한 선임과 후임은 서로 의지할 수 있는 소중한 존재가 될 것이다.

▶ 군에서 탈출하고 싶어 하는 병사들

임관하기 전에는 뉴스나 다른 매체를 통해서 군무이탈을 하는 병사들의 이야기를 들으면서 '얼마나 병사들이 생각이 없고 자기중심적이면 군무이탈을 하는 것일까?' 라는 생각을 했었다. 하지만 임관을 하고 병사들을 훈육하면서 느낀 것은 병사들이 군무이탈은 단순히 그들이 군이 싫어서 나가는 것이 아니라 병사들에게는 필사적인 탈출이었다는 것을 이해하게 되는 데는 오래 걸리지 않았다. 물론 병사들을 상처 입히는 주된 원인은 군내의 인간관계였다. 병사들에게 편안한 휴식처가 되어야 할 내무생활에서의 인간관계가 그 역할을 제대로 하지 못하고, 서로 상호 간에 상처를 주며 병사들로 하여금 불안감을 느끼도록 하고 있는 것이었다.

때때로 군 내에서 자해를 하는 병사들을 찾아볼 수 있다. 병사들은 강한 감정을 다루거나 긴장이나 스트레스를 감소시키는 방법으로 자해를 선택하기도 하며 이성친구와 헤어지거나 과도한 훈련스트레스로 인해 자해를 하기도 한다. 학자들은 자해가 우리 몸이 가지고 있는 진통제인 엔돌핀을 분비시켜서 기분을 좋게 만들어 준다는 가설을 세우고 있다. 이러한 이유로 받아들이기 힘든 고통을 이겨내기 위해 병사들은 자기희생을 선택하는 것이다. 물론 이러한 극단적인 방법을 선택하는 병사들은 많이 없지만 병사들이 자해를 한다는 것은 그들만의 방법으로 고통을 호소하는 방법이다. 심한 정서적 불안을 해소할 건전한 대처방안을 군에서 찾지 못했기 때문이다. 사실 극단적인 방법을 선택하지 않을 뿐이지 대다수 병사들이 군 생활에서의 스트레스를 건전하게 해소하지 못하고 있는 것이 현실이다. 병사들이 자해를 선택하는 것은 군의 시스템적인 영향이 크다고 할 수 있다.

자해는 병사들이 군내에서 우울증을 앓고 있다는 가장 극명한 신호이자, 방치할 경우 자살로 이어질 위험성이 높다는 점에서 주의 깊게 관찰하고 식별된 인원에 대한 과감한 조치를 해야 할 필요성이 있다고 할 수 있다. 자살과 직결될 수 있는 우울증을 앓고 있는 병사들은 해마다 증가하고 있고 우울증을 앓고 있는 병사들이 자살을 선택할 확률은 일반 병사들에 비해서 9배 이상 높다.

　군내 우울증의 특징 중 하나는 가면성 우울증이 흔하다는 것이다. 가면성 우울증이란 마치 가면을 쓴 것처럼 겉으로 보기에는 우울해 보이지 않아도 실제로는 우울증을 앓고 있는 경우를 말한다. 그래서 가면성 우울증을 앓고 있는 병사들은 우울하다기보다 반항적으로 보인다. 공격적이고 반항적이며 산만한 행동을 하고, 비행을 일삼거나 게임이나 인터넷에 빠져서 생활에 지장을 초래하기도 한다. 전문상담관과 상담 결과 우울감이 심각하다고 판단되어 해당 간부에게 이 사실이 전달되면 산만하고 혼란스러운 병사라서 그럴 수 있다고 간부들이 생각하게 되는 것은 가면성 우울증에 대한 지식이 부족하기 때문이다.

　우울증으로 고생하고 있는 병사들에게 근본원인인 우울증으로 식별하지 못하고 겉으로 드러나는 비행에 대해서만 지적하고 지도하려고 접근하면 간부와 병사 간에 불화만 심해지고 치료도 되지 않는다. 우울증을 치료하기 위해 외진을 가는 것을 꺼리는 한국사회의 풍토도 병사들의 우울증 문제의 해결을 더욱 어렵게 하고 있다. 또한 남자는 강해야 한다는 전통적인 인식 때문에, 병사들 역시 자신의 우울증을 인정하지 않으려고 한다. 심각한 우울은 자살 시도로까지 이어질 수 있다. 치료의 시작은 간부와 병사 모두 누구나 우울증을 겪을 수 있다는 사실을 인정하는 것이다.

병사들의 우울증은 쉽게 발병하기도 하지만 제때 도움을 받는다면 빠르게 회복되는 특징 또한 있다. 그런 측면에서 예방과 조기 진단, 치료가 중요하다.

병사들이 자살을 선택하는 이유는 여러 가지가 있는데 새로운 환경에서의 스트레스에서 도피하기 위해서, 헤어진 이성 친구와 재결합을 하고자 하는 스트레스에서 도피하기 위해서, 자신을 괴롭히는 간부 혹은 동료 병사들에게 보복하려는 심리로 자살을 선택할 수도 있다. 물론 위의 내용과는 전혀 다른 이유로 자살을 선택할 수도 있다.

자살을 생각하고 있는 병사들은 주변에 자살에 대한 관심을 표현한다. 이때 적절한 관심과 적극적인 조치로 미연에 방지하고자 하는 노력이 필요하다. 곧 괜찮아질 거라고 하면서 병사들의 감정을 무시하거나 비판적인 태도로 묵살하는 것은 절대로 해서는 안 되는 행동이다. 차분히 병사들과 마주 앉아서 고민을 들어보고 자살에 대한 생각과 의사를 물어보아야 한다. 대다수의 간부는 자살에 대해서 직접 언급하는 것을 부담스러워한다. 하지만 그 과정에서 병사들은 자신의 생각을 들어주는 간부들이 있다는 사실에 대해 안심하고 마음을 열게 된다. 대부분의 자살 사고는 병사들이 자신들의 고민을 이해받지 못하는 데서 기인되었음을 잊어서는 안 될 것이다.

병사들이 겪고 있는 고민을 간부들이 직접 들었을 때에는 아주 사소한 것일 경우가 많다. 간부들이 큰 힘을 들이지 않고 해결할 수 있는 경우가 대부분이다. 그러나 간부들은 병사들의 이러한 상황에 대해 막연히 알고 있을 뿐 정확히 이해하고 있지 않다. 그래서 병사들이 어떤 생각을 하는지 알 수가 없다며 답답해하거나, 사고소식을 접한 다음에야 후회를 하게 된다.

우리 주변에는 군 생활을 힘들어 하는 병사들이 많이 있다. 누군가 자신의 마음을 읽어주고 자신들의 이야기를 들어주기를 간절히 기다리고 있다. 그러한 그들의 욕구를 만족시켜 주는 간부가 한 명만 있어도 그들은 극단적인 선택을 하지 않는다. 병사들이 어떤 고민을 하고 있고 어떤 관심을 가지고 있는지 간부 입장에서 알고 있어야 한다. 간부의 병사들을 향한 사랑과 관심만이 우리의 병사들을 지킬 수 있다.

▶ 병영문화 혁신에 대해서

인간관계에서는 만남과 목적이 있다. 배우기 위해서 선생님을 만나고, 직장생활을 위하여 동료와 상사를 만난다. 하지만 군에서 만나는 전우는 의도와 목적이 없이 만나게 된다. 대한민국에서 가족 외에 목적 없이 만나는 인간관계는 전우가 유일무이할 것이다. 따라서 전우는 가장 순수한 관계라고 이야기할 수 있다.

사람들은 인간관계를 맺을 때 보통 이익을 위해서 타인과 관계를 맺는다. 그러나 전우는 전혀 이익을 생각하지 않고 만나는 관계이다. 이익을 위해서 군에 오지 않았으므로 이익을 생각하면서 전우를 만나는 것이 아닌 것이다.

모든 만남은 제한된 시간에만 이루어진다. 그러나 전우는 24시간을 함께 생활한다. 모든 일을 함께하고 함께 쉰다. 가족이 아니고서 모든 것을 함께하는 관계가 없기에 전우는 대한민국 청년들이 생활하면서 맞이하는 가장 가까운 관계가 되는 것이다.

친구라는 단어의 의미를 그대로 해석하면 친한 상태가 오래되었다는 뜻이다. 사람들은 진정한 친구를 대부분 학교에서 맺었던 인간관계에서 찾는다. 그래서 학우가 평생의 진정한 친구가 되는 경우가 많은 것이다. 하지만 학우는 한솥밥을 먹은 것도 아니고 제한된 일부분을 공유했을 뿐이다. 병 생활에 비하면 학우는 밀접한 정도가 적은 것이다. 하지만 전우들에 비해 학우들과의 관계가 대부분 더욱 오래가며 끈끈하다. 그 이유는 무엇일까?

사람들은 전우와의 만남이 자발적인 관계가 아니고 타의에 의한 강제적인 관계라고 생각한다. 물론 전우는 타의에 의해 강제적으로 만난 것이 맞다. 그러나 학우 역시 마찬가지이다. 같은 학교, 같은 반이 되게끔 스스로 선택한 것은 학생들이 아니다.

전우가 학우처럼 평생의 친구가 되지 못하는 이유는 군의 잘못된 인간관계에 원인이 있다. 동료이면서도 상하로 생각하는 것이 바로 그것이다. 이런 문화가 목적을 생각하지 않는 가장 순수한 관계를 불순한 관계로 만들어버렸고, 이익을 추구하지 않는 가장 깨끗한 관계를 더러운 관계로 만들어 버린 것이다.

우리 군 내무반 생활의 한 가운데에는 여전히 잘못된 병 상호관계가 있고, 이것이 원인이 되어 병영 갈등이 발생한다. 병영 갈등의 원인이 근절되고 병사 상호 간에 진정한 전우애가 꽃필 수 있다면 병영문화 혁신은 우리에게 먼 일이 아닐 것이다.

두 번째 이야기

★ ★

군은 대한민국의
마지막 교육기관

나는 2011년 임관하여 당해 7월부터 군 생활을 시작했다. 소대장부터 시작해서 인사과장, 군수과장을 거쳐서 지금은 중대장 임무를 수행 중이다. 지금까지 내가 직·간접적으로 지도하면서 영향을 준 병력이 족히 1,000명은 될 것이다. 5년 남짓한 시간에 이처럼 많은 사람을 지도할 수 있는 사람은 많지 않을 것이다.

나는 SNS를 자주하지는 않지만 가끔 병력들과 SNS상의 친구 관계를 맺기 위해서 접속을 하는 편이다. SNS를 접속하면 내 과거의 전우들이 어떻게 지내고 있는지 자랑(?)을 하는 모습을 쉽게 확인할 수 있다. 핸드폰가게 사장님, 고기집 사장님, 헬스트레이너, 초등학교 야구부 감독 등등 이루 열거할 수 없이 많은 자리에서 자신의 역할을 묵묵히 수행하고 있는 그들을 만날 수 있다. 개중에는 나보다 먼저 결혼을 하고 애기 낳아서 키우고 있는 전우들도 많이 있다. 물론 취직이 잘되지 않는지 도서관에서 공부하는 사진이나 면접용으로 찍은 것 같은 증명사진을 올리는 전우들도 있다. 이런저런 전우들의 활동을 보고 있자면 비록 마주 앉아 있지는 않지만 그들이 나에게 "저는 잘 지내고 있습니다!"라고 이야기하는 것만 같다.

군인으로서 국민의 재산과 안전을 지키는 것이 가장 중요하겠지만 자신이 지도하는 병력들이 문화 시민으로서 군에서 그러하였듯 사회에서도 기여할 수 있도록 도와주는 것 또한 우리 간부들의 역할이다. 병력들 개개인이 군에 있을 때는 일개 병사일 수도 있고 초급간부일 수도 있다. 하지만 그들의 10, 20년 후를 생각해 본다면 일개 병사와 초급간부 이상의 가치 있는 그들만의 역할을 수행해야만 한다.

MBC 예능프로그램인 '진짜 사나이'에서 서경석 씨가 했던 말이 기억에 남는다. "군대는 전쟁을 준비하는 곳이고 사회는 전쟁을 실제로 하는 곳이다"라는 말이었는데 어떤 측면에서는 매우 적절한 비유라고 생각한다. 군인으로서 헌신했던 그들이 사회에서 원 없이 경쟁할 수 있도록 도와주는 것 간부인 우리들의 또 다른 임무일 것이다.

1. 군이라는 교육기관에서의 병사들과 간부

주말 혹은 개인정비 시간에 병사들이 휴식시간을 어떻게 이용하는지 관찰해보면 상당히 재미있다. 운동을 하는 병사들도 있고 책을 읽는 병사들도 있지만 대부분 병사들은 게임방송을 보고 있다. 특히 '리그 오브 레전드'라는 AOS 게임을 대부분 보고 있는데 프로게이머들의 플레이 하나하나와 자신들의 경험담을 이야기하며 사뭇 진지하게 게임에 대해서 각 생활관만의 방식으로 해석을 한다. "갱을 가야 한다" "탑으로 서폿이 도와줘야 한다" "한 타를 가야 한다" 같은 그들의 토론을 듣고 있자면 이해하기는 어렵지만 그들의 게임에 대한 진지함을 엿볼 수가 있다.

외박을 나갔을 때도 병사들의 게임에 대한 진지함은 이어지는데 보통 외박을 나가면 병사들은 생활관대항 혹은 소대대항으로 5:5로 게임을 한다. 오전에는 점심 내기로 게임을 하고 오후에는 저녁 내기로 게임을 한다. 병사들은 게임으로 단결을 도모하고 서로의 협동을 도모하는 것이다.

병사들이 주로 하는 '리그 오브 레전드'에서 대한민국은 세계에서 부동의 1위이다. 대한민국의 프로게이머들이 매우 뛰어나다 보니 다른 나라의 게임단에서 스카우트하기도 한다. 이 게임은 우리나라와 일부 동아시아권에서만 즐기는 게임이 아닌 전 세계적으로 인기를 끄는 유명한 게임이다. 그러한 치열한 경쟁 속에서도 대한민국은 부동의 1위를 유지하고 있는 것이다.

그 비결은 다른 나라보다 우수한 수많은 게이머가 대한민국에 있기 때문이다. 특히 20대 초중반의 우수한 게이머들은 프로구단으로서 언제든지 프로게이머로서 데뷔시킬 수 있는 예비후보들을 가지고 있는 것과 같으며 프로리그를 유지시킬 수 있는 기반을 마련해주는 역할을 한다. 우리 병사들이 비록 게임이지만 대한민국이 세계에서 1위를 유지할 수 있게 해주는 핵심적인 역할을 하고 있는 것이다. 그만큼 대한민국 청년들의 잠재력은 무궁무진하다. 대한민국이 청년들의 잠재력을 발휘할 수 있는 여건만 마련해 준다면 제2의 한강의 기적은 우리에게 먼 미래의 일이 아닐 것이다.

▶ 군대와 학교

대한민국은 의무 교육제도를 시행하는 국가이다. 우리나라 국민이라면 누구나 사회적 신분이나 경제적 지위의 차별 없이 그 능력에 따라 교육받을 권리를 가지고 있다. 이에 따라 대한민국 국적을 가진 사람이라면 누구나 초등교육 6년, 중등교육 3년에 대한 의무교육에 참여하게 되었다. 우리나라는 1999년 처음으로 초등학교 취학률을 100% 달성하게 되었으며 같은 시기 초등학교 졸업생의 중학교 진학률은 99.9% 달성하게 되었는데 이는 1953년 7월부터 추진하였던 국가적 사업인 의무교육 완성 6개년 계획으로 시작된 의무교육의 성공적인 정착을 의미하는 하나의 척도였다.

우리나라의 병역제도는 '국민개병제'를 원칙으로 한 징병제이다. 2011년 징병검사 결과를 분석하여보면 1~3급 현역판정자는 91.7%, 4급 보충역은 4.1%, 5급 제2국민역과 6급 병역면제자는 4.2%였다. 결국 대한민국의 남성 90% 이상은 현역으로 군복무를 하게 된다는 이야기이다. 개인의 차이는 일부 있겠지만 일정한 나이에 초등학교에 들어가듯 자연스럽게 군에 입대하는 것이다.

유치원에 다니던 어린아이가 초등학교에 들어가는 것은 아이에게는 부모와 가정이라는 친숙한 환경에서 벗어나 새로운 환경에 적응하는 첫 발이라는 측면에서 아이에게는 굉장히 중요하다. 지금까지 만나지 못해 본 또래들 그리고 그들과의 관계 속에서 아이들은 자기가 주인공이던 세상을 떠나 세상 속에서의 자신을 발견하게 되는 것이다.

학생이 고등학교를 졸업하고 대학에 진학한 순간부터 고민은 시작된다. 육군, 해군, 공군, 해병대, 장교, 부사관, 병사…. 대학교는 적성이나 자신의 성적으로 잘 선택했지만 군대라는 갈림길 앞에서 무수한 갈등하는 것은 대한민국 남자라면 당연한 일이다. 학생들은 초등학교를 거쳐 중학교, 고등학교, 대학교까지 부모의 재력과 자신의 학업능력 등등의 갖가지 변인으로 인해 주로 자신과 비슷한 상황의 사람들과 관계를 맺어왔다. 하지만 군대는 그러한 변인들이 더 이상 영향을 미치기 어려운 곳이다. 학생들을 그러한 사실을 누구보다도 잘 알고 있다. 그렇기에 더욱 선택의 갈림길에서 신중할 수밖에 없다. 유치원생이던 아이가 초등학교에 입학했을 때 직면했던 그 긴장을 15년이 지나서 다시 느끼는 것이다.

한 아이가 초등학교에 입학하는 것은 한 가정의 입장에서는 큰 변화이다. 특히 부모들이 느끼는 심리적 압박감은 아이가 유치원에 있는 것과는 차원이 다르다. 유치원은 교사들이 상대하는 아이들도 상대적으로 적고 유치원이 마음에 들지 않으면 언제든지 옮길 수 있었다. 하지만 아이들이 처음 경험하는 의무교육기관인 초등학교에서는 그러기가 쉽지 않다. 아이가 따돌림을 당할 수도 있고 부모들이 원하지 않는 친구들을 사귈 수도 있다. 아이를 초등학교에 보내는 부모들 또한 새로운 변화와 마주하게 되는 것이다.

자녀가 고등학교를 졸업하고 대학교를 가게 되었다. 중학교 때의 사춘기, 고등학교 때의 입시 스트레스가 주마등처럼 지나쳐가는 순간이었다. 하지만 부모들은 아직 안심하지 못한다. 바로 대한민국 남자라면 누구나 가야 하는 '군대'를 다녀와야 진정한 사회인으로 인정받을 수 있다는 것을 알기 때문이다. 뉴스에서는 군대에 관련된 내용만 나오면 이전보다 관심이 간다. 그러던 어느 날 컴퓨터를 하던 아들이 갑자기 군대를 간다고 이야기 한다. 결국 아들은 군에 입대를 하게 되고 김치를 잘 못 먹는데 밥은 잘 먹고 다니는지, 추위를 잘 타는데 잠은 잘 자고 있는지, 입고

다니는 옷은 따듯한지 온종일 군에 입대한 아들이 걱정되기만 하다. 평소에는 용돈 달라며 삼 일에 한 번이라도 목소리를 들었는데 군대 간 아들 녀석은 들어간 지 2주가 지났는 데도 연락 한 번 없다. 이제는 핸드폰 진동만 와도 아들 녀석에게 전화가 온 것만 같다.

자녀를 군대에 보내는 부모들은 어쩔 수 없이 수동적인 입장에 처해질 수밖에 없다. 자녀가 만나는 사람, 먹는 밥, 지내는 곳, 입을 옷 모두 부모의 영향력이 미치기 어렵기 때문이다. 온전히 자녀가 이겨내야만 하는 환경을 처음 받아들이게 되는 부모들의 스트레스는 감히 상상하기 어려운 압박감에 틀림없다.

이처럼 학교와 군은 국가적으로 볼 때 설립목적이 다르지만 관련된 구성원들에게 미치는 영향은 학교와 군은 유사한 점이 굉장히 많다는 것을 알 수 있다. 두 기관 모두 사회로 가기 위해서 거쳐야 하는 관문이라는 점, 개인과 주변 사람들을 지금까지와는 다른 예측할 수 없는 환경으로 이끌어 간다는 점에서 유사하다. 그렇다면 학교와 군은 어떤 측면에서 차이점이 있는 것일까?

학교는 교육을 위한 장소이다. 통상 교실과 칠판 등 교육에 필요한 시설을 갖추고, 여러 학생이 교사의 지도에 따라 지식을 얻는 형태가 일반적이다. 정리하자면 일정한 목적을 가지고 전문직 교사가 집단으로서의 학생을 대상으로 교육을 실시하는 기관이 학교인 것이다. 여기서 일정한 목적이란 국가와 시대상에 따라 다른데 결국은 정부가 원하는 사회인을 양성하기 위함이라고 생각하면 편하다.

군은 우리나라의 안보를 책임지며, 다른 나라와 전쟁 및 전투를 담당하는 정부기관이다. 일반적으로 활동영역에 따라 육군, 해군, 공군, 해병대 등으로 나눌 수 있으며 정치적 목적을 달성하기 위해 존재한다고 볼수 있다. 통상 군은 전투조직과 전투지원조직으로 나뉘며 이들을 구성하는 인력과 장비와 병참과 훈련과 시설 등을 관리할 수 있는 기구로 구성된다. 군의 효율성은 이들 조직들이 얼마나 잘 활용되고 있는지에 따라 평가된다고 할 수 있다. 군은 합법적 권력 기관이라는 점에서 준군사조직과 다르며, 타 국가와의 전쟁에 대비한다는 점에서 경찰과 같은 국내를 대상으로 하는 사법 기관과 대비된다.

개인으로 보았을 때 학교와 군대의 가장 궁극적인 차이점은 바로 내무생활의 유무이다. 내무생활을 단순히 풀어서 이야기하면 병사와 일부 간부들이 생활관에서 지내는 일상생활을 의미한다(물론 상근예비역 등 내무생활을 하지 않는 인원들도 일부 있지만 대부분 병사들은 내무생활을 하기 때문에 여기서는 논외로 하겠다). 학교에도 학생들의 행동을 제약하고 바른길로 인도하기 위한 교사들이 있지만 그 책임(혹은 권한)은 학교라는 울타리 바깥쪽까지 적용되기는 어렵다. 언뜻 생각하면 군도 역시 그렇지 않은가 생각될 수도 있을 것이다. 군도 병사들이 휴가를 나가면 행동을 제약할 사람이 없기 때문이다. 하지만 학교에서 학생이 학교라는 울타리를 벗어나는 주기는 매일이지만 군에서 병사들이 위병소를 휴가 목적으로 통과하는 주기는 한 달에 한 번이 안 된다. 그렇기 때문에 학교나 사회에서는 느끼지 못하는 단절감을 군에서 병사들이 느끼게 되는 것이다. 병사들이 궁극적으로 힘들고 짜증 나는 이유는 유격훈련, 혹한기훈련 등등의 훈련이 아니라 사회와의 단절감과 내무생활의 어려움이라는 것을 잘 알아야 한다.

이처럼 학교와 군은 같은 것 같으면서도 다르다. 의무교육을 비롯한 고등교육이 성인이 되기 위해서 거쳐야 하는 통과의례이듯 한국사회에서의 군대 역시 사회인이 되기 위해서 어떤 식으로든 경험해야만 하는 성장 과정인 것이다.

▶ 요즘 병사들의 특성

요즘 입대하는 병사들을 관찰해보면 관심사가 굉장히 다양하다는 것을 알 수 있다. 기성세대들이 직업이나 대학교에서의 전공이 단순했던 것과는 다른 세상을 겪고 군에 입대하는 것이다. 또한 요즘의 병사들의 사회적 가치관 또한 국가주도하에 형성된 것이 아니기 때문에 군의 가치관에 큰 거부감을 느끼는 것이 현실이다.

이러한 변화는 사회가 복잡해지고 세분화되는 추세이기 때문에 시간이 갈수록 더욱 심해질 수밖에 없다. 대학교에서 이전에는 생각하지도 못한 전공을 개설하는 것은 사회의 변화를 단적으로 보여주는 일례이다. 이런 사회의 변화를 온몸으로 받아들이며 성장한 청년들의 가치관은 이전과는 다르게 다양해질 수밖에 없다. 그래서 현대의 내무생활은 다양한 가치관과 개성을 받아들일 수 있는 모습으로 변해야만 하는 것이다.

변화된 사회에서는 타인과 다른 전문성을 가지지 못하면 도태되게 된다. 때문에 요즘 병사들은 타인들과 다른 차별성을 가지는 것뿐만이 아니라 전문성 또한 배양해야 하기 때문에 자기계발을 하고자 하는 욕구가 강하다. 그래야만 사회에서 살아남을 수 있으며 자신이 좋아하는 일을 계속 할 수 있다는 것을 알고 있기 때문이다.

요즘 병사들의 또 다른 특징은 획일적인 사고를 싫어한다는 것이다. 일반적으로 군의 가치관은 사회의 가치관보다 획일화 되어 있는데 사회에서 독특한 가치관과 개성이 형성된 청년들이 군에 입대하여 획일화된 군의 가치관에 적응해야만 하기 때문에 힘들지 않을 수 없다.

요즘의 병사들을 인내심이 부족하고 개인주의로 보는 것은 기성세대의 편견이다. 그들은 인내심이 부족한 것이 아니며 불합리한 것을 못 참는 것이며, 개인주의가 아니라 불필요한 간섭을 싫어하는 것이다. 내무생활 전반에서 행해지는 불합리한 지시와 불필요한 간섭을 참고 군 생활을 했던 기존의 기성세대들은, 이것을 받아들이지 못하는 요즘의 병사들이 나약하게만 보이는 것이다.

과거의 군은 획일성을 추구했다. 그 이유를 간단한 전술로 풀어보도록 하자. 과거의 보병이 고지를 점령하는 모습을 바라보면 최대한 적에게 은·엄폐하여 적의 진지로 접근한 뒤 횡대 대형으로 전개하여 지휘자의 공격명령과 함께 일제히 일어나 적진지로 돌격하는 것이 일반적인 모습이었다. 일제히 신속하게 적진지에 돌격해야 적의 사격에 피해를 최소화하며 적진지에 도달하여 고지를 탈환할 수 있었던 것이다. 이 전술의 성패는 구성원이 지휘자의 지시에 일률적으로 행동할 수 있느냐에 달려있다. 때문에 과거 군은 획일적인 가치관을 형성하고 구성원들에게 차별을 인정하지 않았던 것이다.

그러나 현대의 군은 다르다. 요즘 전술은 거의 모든 제대에 사격지원조, 돌파조, 돌격조가 편성되어 사격지원조가 적진지 전방에서 적을 고착하고, 돌파조가 적이 예상치 못하는 방향에서 장애물을 개척한 다음, 돌격조의 엄호 하에 적의 측 후방으로 일제히 진입하여 적을 기습 타격함으로써 일거에 섬멸한다. 이러한 전술에서는 획일적인 행동보다 각 조의 유기적인 협조가 더욱 중요하다. 때문에 현대의 군에서는 획일적인 가치관을 공유하기보다는 각자가 맡은 바 임무에 충실할 때 승리에 가까워질 수 있는 것이다.

현대사회는 이전의 사회에 비해서 비교할 수 없을 정도로 바뀌었고 빠르게 바뀌어 가고 있다. 또한 이러한 사회발전에 부응하여 군 또한 많은 모습이 바뀌었다. 무기체계, 전술, 장비 등 전반적인 분야에서 이전과는 비교할 수 없을 정도로 바뀌었다. 그런데 병사들의 내무생활의 모습은 크게 변하지 않았다. 입대하는 병사들은 지식수준도 늘었으며 사회의 흐름에 따라 각자의 개성도 가지고 입대하지만 그들에게 적용하는 내무생활은 아직도 이전의 군의 모습을 답습하고 있는 것이다.

시대의 변화에 따라가지 못하는 조직은 도태된다. 군이 사회의 변화에 대처하지 못한다면 전쟁의 승리는 보장될 수 없다. 때문에 군의 내무생활 또한 사회의 변화에 발맞춰서 변화되어야 한다.

▶ 내무생활과 스트레스

김 이병은 신교대를 수료하고 대대에 전입 왔다. 인사과에 도착한 김 이병은 신체검사를 받고 대대장 면담을 한다. 중대가 결정되고 험악하게 생긴 인솔간부와 함께 중대행정반에 도착한다. 총기 수여식을 하고 중대원들에게 간단히 자기소개를 한다. 이어서 중대장, 행정보급관, 소대장, 부소대장으로 이어지는 면담을 한다. 같은 말을 오늘만 10번은 한 것 같지만 어쩔 수 없다. 이제는 그들이 나의 생명을 좌지우지할 수 있다는 것을 알기 때문이다. 긴 면담을 마치고 소대장의 손에 이끌려 생활관에 들어가게 되었다. 이미 동기들이 내 의류대를 받아서 관물대에 물건들을 정리해준 뒤였다. 생활관 대표병이라는 동기가 전화를 하러 가자며 신병을 공중전화로 이끈다. 비록 어제 부모님을 뵀지만 또다시 목소리를 들으니 눈물이 난다. 이유 없이 부모님께 죄송스럽고 또 익숙한 것들과 단절되었다는 느낌에 두렵기도 하다. P.X에서 소대원들과 환영파티를 하고 점호를 취하고 이제는 잘 때가 되었다. 왠지 잠이 잘 오지 않는다. 억지로 청한 잠에서 깨었을 때는 기상 시간 5분 전이었다. 동기들과 옷을 환복하고 연병장으로 나가니 많은 인파가 이미 집합 중이었다. 저 많은 인파들이 전역을 해야 김 이병의 기나긴 군 생활이 끝나는 것이다.

김 일병은 이제 김 상병이 되었다. 어제 중대장에게 진급신고를 하고 상병이 되니 군 생활이 얼마 안 남은 것처럼 느껴지고 왠지 모르게 가슴에 있는 3줄이 자랑스럽게 느껴진다. 싱글싱글 웃으면서 생활관으로 들어가고 있는데 당직사관을 서고 있는 소대장에게 왜 웃냐며 한 대 맞았다. 사실 소대장은 이유가 있어서 때리는 것이 아니다. 그저 소대원들을 때리는 것이 재미있기 때문에 때리는 것이다. 김 상병도 그것을 잘 알고 있고 그것이 정당한 행동이 아니며 불편하다는 것을 알면서도 중대장에게 보고하지 않는다. 짧은 군 생활 경험상 자신에게도 안 좋은 영향이 있다는 것을 잘 알고 있기 때문이다. 별로 좋지 않은 기분으로 생활관에

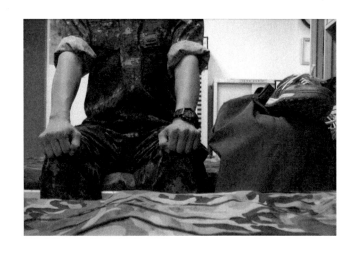

들어와 자신의 침상에 앉았다. 갑자기 역겨운 냄새가 코를 찔렀다. 옆자리 박 상병이 삼 일간 샤워를 안 했기 때문이다. 박 상병과는 입대 동기여서 잘 알고 지냈지만 정말 박 상병이 잘 씻지 않는 것은 너무 싫었다. 하지만 박 상병이 가장 친한 동기이기 때문에 오늘도 씻으라고 한마디만 할 뿐이다. 참다못한 김 상병이 페브리즈를 꺼내려고 관물대를 열었다. 오늘 점심을 먹고 마시려고 사놓은 콜라가 없어져 있었다. 김 상병이 사놓은 콜라는 이미 내용물이 빈 상태로 쓰레기통에 들어있었다. 생활관 대표병인 이 상병이 병영생활 규칙에 관물대에 음식물을 방치하지 말자고 안 했냐며 핀잔을 준다. 열이 머리끝까지 올랐지만 폭행을 하면 징계위원회에 회부되기 때문에 참을 수밖에는 없다. 화를 가라앉히고자 사이버지식정보방에 갔다. 족히 30분은 넘게 기다려 자리를 잡았다. SNS에 접속하여 대학교 동기들 사진을 보고 있었는데 갑자기 팝업이 뜨더니 사설 스포츠 도박사이트에 연결되었다. 결국 지통실에 불려가서 사유서를 작성했다. 중대에 복귀해서도 당직사관이었던 소대장에게 몇 대

맞았다. 중대장의 귀에도 도박사이트에 접속한 것이 들어간 모양이었다. 장장 30분은 잔소리를 듣고서야 생활관에 복귀할 수 있었다. 침상에 한숨을 쉬며 앉은 김 상병을 처음 반겨주는 것은 옆에 다가와 앉은 박 상병의 역겹지만 익숙한 체취였다.

병사들이 내무생활에서 이겨내야 하는 스트레스 요인은 수없이 많다. 사회와의 단절에 대한 스트레스, 군이라는 환경에 적응하는 데에 대한 스트레스, 군내의 대인관계에 대한 스트레스, 자신만의 공간과 시간이 없는 것에 대한 스트레스, 스트레스를 해소할 적절한 방법이 없는 것에 대한 스트레스 등등 수없이 많은 스트레스를 우리 병사들은 이겨내야만 한다. 특히 군은 제한된 영역에서 구성원(특히 병사들)의 모든 생활이 관찰되는 장소이기 때문에 심리적으로 위축될 뿐 아니라 개인의 안녕감을 유지하기가 힘들다.

이처럼 병사들의 정신적 불안과 스트레스가 가중된다면 우리 군의 또 다른 목표인 민주시민양성이라는 목적을 가진 군의 교육기능이 저하될 수밖에 없을 것이다. 또한 병사들과 같은 취약계급은 정신건강상의 위험에 노출되었을 경우 이들이 갖고 있는 근본적으로 취약한 조건, 연약한 정신적 강인함 때문에 더 심각한 고통을 겪을 수 있다.

병사들의 정신건강상의 문제는 군 외에서의 개인 내적, 사회 환경적 요인 또는 군내의 생활환경 등 다양한 원인에서 비롯된다. 이들의 스트레스 및 정신건강 문제를 바르게 관리하지 못 할 경우 트라우마로 남거나 심각한 경우 사고로 이어질 위험도 있다. 당연히 장병들의 정신건강 문제가 지속될 경우 우리 군의 전투력은 낮아질 수밖에 없다. 하지만 무엇보다 이러한 문제를 우리가 고민하여야 하는 근본적인 이유는 병사들의 정신건강이 사회의 정신건강으로 직결되기 때문이다. 우리의 병사들은 대한민국 미래사회의 주역이며 10년 후 각 가정의 가장이 될 사람들이기 때문이다.

그 누가 부대에 전입오더라도 부대에 적응하기까지 스트레스를 겪게 된다. 주로 중견간부들은 적극적으로 스트레스를 대처하는데 스트레스의 원인을 제거하기 위해 문제에 스스로 다가가거나 상급자에게 문제의 원인에 대해서 토로하는 해결방법을 주로 택한다. 이들의 해결방법은 간단하기도 하고 문제가 커지기 전에 해결할 수 있기 때문에 상급자도 편하고 하급자도 또한 편하다. 문제는 병사들과 일부 초급간부들인데 특히 소심한 성격의 병사들이 스트레스를 대하는 방법은 대체로 소극적이다. 스트레스를 유발하는 요인에 대해서 포기하거나, 체념하거나, 회피하는 등의 정서를 구제하기 위해서 거리 두기, 자기 비난 등을 하는 경우도 있고 문제 해결에 대해서 아무런 행동과 노력을 기울이지 않는 병사들도 있다. 두 가지 경우 모두 지휘관 혹은 지휘자가 식별을 하고 면담을 진행할 경우 이미 문제를 해결하기에 문제가 커져 있는 경우가 많다. 문제에 대해서 바라보기보다는 도망치고자 하는 심리가 크기 때문이다. 이처럼 외적 조건과 환경적 상황에서 스트레스 요인이 똑같다고 할지라도 개인마다 다르게 대처할 수 있기 때문에, 통합적이고 적합한 스트레스 대처방식을 찾는 것이 중요하다.

시련은 지내고 나면 추억이지만 지낼 때는 고통이고, 지내기 전에는 두려움일 뿐이다. 그 시련이 개인의 발전이나 조직에 기여하는 생산적인 노력이라면 지내고 나면 추억을 지나 영광이 되고, 지낼 때는 고통이 아닌 단련이 되며, 지내기 전에는 두려움이 아닌 도전의 대상이 된다. 그러나 그 시련이 개인이나 조직에 아무런 도움이 되지 않는 무의미한 노력이라면 지내고 나면 지우고 싶은 기억이 되고, 지낼 때는 피할 수 없는 고통이 되며, 지내기 전에는 피하고 싶은 공포가 된다.

지금의 병영문화에 적응하는 것은 분명 병사들에게 엄청난 시련이다. 이 시련이 개인과 사회에 기여하는 생산적인 노력인지 개인이나 사회에 아무런 도움이 되지 않는 무의미한 노력인지 따져볼 필요가 있다. 그 결과에 따라 지내고 나면 영광이냐 지우고 싶은 기억이냐가 결정되고, 지낼 때는 단련이냐 피할 수 없는 공포냐가 결정되기 때문이다.

때문에 병사들이 병영생활에서 겪는 어려움이 이겨내야 하는 당연한 희생으로 받아들여지기 위해서는 무엇보다 군 생활이 보람찬 것이라는 인식을 병사들이 받아들이는 것이 중요하다. 그러므로 병사들이 군 생활을 보람으로 느낄 수 있도록 제도적인 뒷받침이 필수적이라고 할 수 있는 것이다.

▶ 병력관리 그 중요함과 어려움에 대해서

신병이 신교대를 수료하고 부대에 전입하면 해당 부대의 간부들은 그 병사의 건강상태 및 가족사항과 가정환경은 물론, 여자친구를 비롯한 교우관계까지 정밀하게 파악한다. 그리고 군 생활 적응과정에서의 심리상태를 포함해서 군 생활 중에 발생하는 작은 변화까지도 놓치지 않고 추적하고 통제하며 기록한다. 혹여나 가정의 문제나 이성 친구와의 이별이 발생한다면 간부들은 해당 병사가 최대한 신속히 심리적 안정을 회복하도록 노력한다. 이처럼 군은 병사들의 신상을 파악하기 위해 노력을 아끼지 않으며 확보된 신상을 통해 병사들을 관리한다.

어떤 조직이라도 구성원들의 신상에 대한 관심과 노력은 있겠지만 군의 체계적인 시스템과 노력을 따라갈 수 있는 조직은 없을 것이다. 신상관리에 대해서는 부모보다도 더욱 잘 알고 있어야 병력관리에 빈틈이 생기지 않기 때문이다.

병력관리의 궁극적인 목적은 군 생활에 익숙하지 않은 병사들을 군에 익숙하게 만들어서 전투에서 전투력을 발휘하기 위함이다. 병력관리의 궁극적인 목적을 달성하기 위해서 가장 중요한 것은 병사들의 신상을 파악하는 것도 중요하겠지만 내무생활에서의 병영 갈등의 요소를 제거하는 것이 더욱 중요하다. 병영 갈등의 요소를 남겨둔 채로 병사들의 신상을 파악하여 특이병사들을 관리한다는 개념은 이미 썩은 사과가 가득한 통에 사과를 넣는 것과 같다. 통 속에서 사과의 오염이 퍼지기 때문에 결국 사과들은 모두 썩게 되는 것과 같은 이치인 것이다. 이러한 공감대가 확대되지 않은 부대에서는 때로는 병영 갈등의 원인이 내무생활에 있음에도 병사 개인의 품성이나 자질에서 원인을 억지로 찾으려는 모습도 보인다.

병사들의 신상을 파악하고 개인의 자질과 역량을 파악하는 것이 중요하지 않다는 뜻은 아니다. 우리 병사들은 회사와 같이 스스로 원해서 군에 입대한 것이 아니라 누구나 해야 하는 의무이기 때문에 군에 있는 것이므로 간부들이 정성껏 보살피는 것이 옳다.

대부분의 대한민국 청년들은 군에 입대할 때 통제된 내무생활과 고단

한 훈련을 각오한다. 하지만 그들이 각오했어도 적응하기 힘든 것은 바로 통제되지 않은 병영 갈등이다. 결국 병력 관리의 핵심은 '내무생활에서의 병영 갈등을 어떻게 해결하느냐?'인 것이다.

만약 지금까지도 부대관리의 핵심이 병영 갈등의 노출된 문제만을 제거하는 것이라고 생각하는 부대가 있다면 과감히 부대 관리의 노력 방향이 달라져야 한다고 이야기하고 싶다. 색출과 처벌에 의존한 활동은 일시적인 효과에 지나지 않으며 병사들 개인의 특질과 성향에서 원인을 찾는 것은 더 큰 문제점을 간과하는 것이다. 노출된 병영 갈등의 척결은 이루어져야 마땅하지만 감시가 없더라도 스스로 움직이는 자전적 시스템을 정립하는 데 더욱 힘을 기울여야 하며, 내무생활의 전반적인 분위기를 바꾸는 데 노력을 집중해야만 한다.

근본은 방치한 채 파생되는 잘못을 단속하려 하지 말고, 근본을 바꾸어야 한다. 이것이 바로 우리 군의 내무생활을 혁신하는 것이고, 이것이 부대관리의 핵심이기 때문이다.

▶ 군기에 대해서

군 생활을 하면서 느낀 것이 있다면 많은 간부들이 군기를 임무 수행이나 훈련에서 찾기보다는 간부와 병사들의 내무생활에서 찾으려고 한다는 것이다. 문제는 간부들이 바라는 내무생활에서의 군기가 임무 수행을 위한 질서와 단체생활을 위한 질서만을 바라는 것이 아니라는 점이다. 생활관에서 취해야 할 의미 없는 동작 하나하나를 모두 규정해 놓고 그것을 지키기 강요하는 간부가 대다수다. 때문에 내무반 생활의 군기가 생활관에서 지켜야 할 질서를 의미하는 것이 아니라, 생활관에서 지켜야 긴장의 정도를 의미하는 것으로 변질되었다.

군기는 외적 군기와 내적 군기로 구분될 수 있다. 외적 군기가 군인다운 멋에 관련된 것이라면, 내적 군기는 임무 수행에 관련된 것으로 군인으로서 임무 수행 간에 지켜야 할 것을 지키는 것이라 할 수 있다. 국지도발 훈련 시 아무리 피곤하더라도 진지를 이탈하지 않고 경계 자세를 유지하는 것이 바로 내적 군기의 일례다. 그러므로 내적 군기에 융통성이 있어서는 안 되는 것이다. 하지만 우리 군은 내적 군기보다는 외적 군기를 중요시하는 것이 현실이다.

내무생활을 하면서 간부들은 병사들에게 폭언과 욕설을 하면서라도 군기를 유지해야 한다고 생각한다. 폭언과 욕설은 해서는 안 될 행동인데, 본인은 안 해야 할 행동을 하여 군기를 위반하면서 군기를 잡는다. 군기를 위반하면서까지 군기를 강조하는 간부들은 당직 임무를 수행하면서 모포를 덮고 자거나 탄약고에서 흡연을 하는 등 군기 빠진 행동을 자행한다.

군기는 위에서부터 지켜야 군기가 바로 선다. 군기가 엄정한 부대일수록 높은 사람도 규정을 지키는 데에 엄격하고, 군기가 해이한 부대일수록 높은 사람의 규정 위반에 관대하다. 그래서 군기의 척도는 윗사람의 규정 준수에 있다. 그러나 우리 군의 내무생활에서는 군 생활을 오래 한 간부들일수록 규정을 위반하고 있으니 군기가 제대로 설 수 없는 것이다.

내무생활의 모든 군기가 간부의 강요에 의해서 이루어지므로, 군기의 척도가 간부의 주관에 의해 설정되지 않을 수 없다. 주말에 당직사관이 괴팍한 간부라면 해당 중대의 병사들은 해당 간부가 정한 주관적 군기의 척도에 맞추어서 생활해야 하므로 항상 긴장해야 한다. 그래서 우리 군에서는 군기의 척도가 윗사람의 규정 준수가 아니라 아랫사람의 긴장 상태가 되어버린 것이다.

잘못된 내무생활의 군기에 의해 항상 긴장하면서 생활해야 하니 생활관에서 휴식이 없다. 사람은 쉴 때 쉬고 일할 때 열심히 일해야 하는데 우리 장병들은 쉴 때 쉬지 못하니 훈련할 때 열심히 할 수 없다. 훈련 중에도 이 훈련이 끝나면 쉴 수 있다는 희망이 있어야 훈련을 열심히 하는데, 이 훈련이 끝나면 내무생활의 긴장 상태가 기다리고 있으니 훈련을 대충할 수밖에 없다. 그래서 우리 군이 훈련이 힘든 군이 아니라, 내무생활이 힘든 군이 된 것이다.

사람은 위협에 지배를 받는다. 위협을 가하여 어떤 규정을 준수하게 하고, 어떤 행동을 숙달시키는 것은 단시간 내에 가장 큰 성과를 낼 수 있다. 그러나 위협에 의한 행동은 그 위협이 없어지면 즉각 중단된다.

위협이 기초가 된 군기는 엄밀히 이야기 하면 군기가 아니다. 군인은 누가 보든 안 보든, 위협이 있든 없든, 해야 할 일을 해야 하는 것이다. 위협에 의해서 할 일을 하고 안 할 일을 안 하면 정작 전투 중에는 군기가 지켜질 수 없다. 왜냐하면 전투 중에는 생명이 위협을 받기 때문이다. 위협에 의한 군기는 전투 중에 발생하는 더 큰 위협인 생명의 위협 앞에서 여지없이 굴복하기 마련이다.

규정을 사람의 인성에 호소해서는 지켜질 수가 없다. 청소시간에 청소하도록 아무리 교육하더라도 부지런한 사람은 열심히 청소할 것이나 게으른 사람은 안 할 것이다. 그렇게 되면 부지런한 사람만 피해를 본다. 그래서 부지런한 사람이나 게으른 사람이나 안 할 수 없는 시스템이 구축되어야 한다.

시스템에 의해서 규정을 지키는 것이 바로 군기이다. 군기가 강한 부대일수록 윗사람이 두려워서 규정을 지키는 것이 아니라, 지키지 않으면 안 되는 시스템에 의해서 규정을 지키는 것이다. 이 시스템이 정착되어야 누가 보든 안보든, 사소한 규정이라도 지키게 되어 부대 군기가 확립되는 것이다.

우리 군도 이제는 모든 부대 활동을 시스템으로 정착시켜야 한다. 예를 들어 매일 병영생활 임무 분담제는 무엇 무엇을 어느 수준까지 하고, 매주 내무검사는 무엇 무엇을 어느 정도까지 해야 한다는 것을 아예 규정화해서 그것이 생활화되도록 해야 한다. '쓰레기통은 매일 씻어야 한다' 등 아주 세분화되고 구체화되어 있어야 한다. 그래야 까다로운 간부가 당직사관을 하면 청소를 덜 해도 되는 일이 없어진다. 이것이 바로 시스템에 의한 군기다.

앞에서도 언급했지만 질서를 사람의 인성에 호소해서는 지켜질 수가 없다. 질서를 지키지 않으려는 극소수의 구성원은 아무리 인성에 호소해도 효과가 없기 때문이다. 따라서 나쁜 사람도 따를 수밖에 없는 제도적 장치, 즉 시스템이 있어야만 질서가 지켜진다.

누구의 위협에 의해서가 아니라 시스템에 의해 임무가 수행되고 질서가 지켜질 때 비로소 올바른 군기가 확립된다. 위협에 의한 군기는 전장에서는 더 큰 위험으로 인해 무용지물이 되지만, 시스템에 의한 군기는 전쟁터에서 더욱 잘 지켜진다. 위협에 의하지 않고 시스템에 의한 군기가 확립된 부대는 전투에 나가서도 반드시 승리한다.

▶ 군대 예절에 대한 고찰

우리 군의 군대 예절의 특징 중 하나는 사회성에 크게 의존하고 있다는 것이다. 군대 안에서 철저히 예절이라고 여겨지고 있는 것들과 사회에서의 그것들을 비교해서 생각해 볼 때, 군대 예절은 인위적으로 생성된 것이고 편의에 따라 얼마든지 바뀔 수 있는 것으로 여겨진다.

우리 군에서는 불필요하다고 여겨지는 사회화된 예절들이 많이 있다. 이러한 예절이 어떤 합의를 통해서, 어떤 근거에 의해서, 어떤 목적을 가지고 생겼는지는 아무도 모른다. 문제는 이런 것들이 쓸데없는 기준으로 작용해 후임을 예의 없는 사람으로 만드는 것이다. 왜 약속되었는지도 모르는 말과 행동들이 예절 취급을 받는다는 것은 참으로 한심한 일이다. 이러한 예절들로 인해 병영에서의 불화가 생길 확률이 높아진다는 것은 더더욱 안타까운 일이다.

모두가 군대 예절의 불합리성을 인식하고 있으면서도 이것을 고치지 못하는 이유가 있다. 군 생활을 어느 정도 경험한 간부들은 벌써 그것들을 예절이라고 인식해버렸기 때문에 하급자가 그 행동을 안 하면 무의식적으로 건방지다고 생각한다. 자신도 초급간부때 불필요한 예절이라고 생각하여 많은 비판을 했던 행동을 지금의 하급자들이 안 하는 것은 용납하지 않는 것이다. 자신도 모르게 벌써 사회화된 예절에 세뇌당한 것이다.

때문에 이제부터라도 군 간부들은 누군가 예의 없다고 여겨지는 행동을 했을 때 그것이 예의 없음에서 나온 것인지 아니면 예절의 사회성에서 나온 것인지를 따지는 성찰의 자세가 필요하다. 또한 예절을 간소화하여 지나친 예의로 인해 벌어지는 불합리를 최대한 막으려는 마음 자세가 필요하다.

숲 속에 홀로 오두막을 지어놓고 사는 사람들에게 예절을 논하는 것은 적절한 것이 아닐 것이다. 예절은 여러 사람이 함께 생활할 때 필요한 것이기 때문이다. 여러 사람이 함께 생활하고 있으니 서로에게 피해가 가지 않도록 조심하기 위해서 예절이 필요한 것이다. 서로에게 조심한다는 것은 상대를 존중하는 것이다. 그래서 예절은 상대를 존중하는 마음을 바탕으로 해야 하는 것이다.

군대 예절 또한 타인을 존중하는 마음으로 시작된 것이라면 그 예절은 가치가 있다고 판단해야 할 것이다. 하지만 지금 우리 군에는 '관행'을 바탕으로 한 군대 예절이 아직 많이 남아있다.

예절은 더불어 사는 사람들의 생활에 도움이 되기 위해서 필요한 것인데, 우리의 군대 예절은 생활을 더 좋게 하는 것이 아니라 구성원들의 삶의 질을 떨어트리고 있다. 예절이 생활을 지배하고 있는 것이다.

예절이란 사람의 관계를 원만하게 하기 위함에 목적이 있으므로 아랫사람의 예절만큼이나 윗사람의 예절도 중요하다. 예절이 아랫사람에게만 적용되는 것이라면 상호존중의 개념이 아니라 일방적인 복종의 개념이 될 것이다.

예절은 복종의 개념이 아니므로 예절에 어긋난 말과 행동을 하더라도 비난의 대상은 될지언정 강제의 대상은 될 수 없다. 시골에서 청년이 노인에게 인사를 하지 않고 길을 지나가더라도, 또는 학교에서 후배가 선배에게 인사를 하지 않고 복도를 지나가더라도, 붙잡아서 호통을 치거나 벌을 주지 않는다. 다만 속으로 비난할 뿐이다.

그런데 우리 군의 내무생활의 모습에는 병사와 간부 모두 후임자가 선임자에게 조금이라도 예절을 지키지 않는다면 혹독한 질책과 함께 얼차려 아닌 얼차려가 따르게 된다. 경우에 따라서는 제대로 예절을 가르치지 못한 중간 관리자에게까지 그 화가 미친다. 이래서는 예절의 범위를 넘어선다. 이는 예절이 아니라, 군기보다 구속력이 강한 공포이다. 또한 관행의 예절은 대부분 선임들에 의해 전수되고 강요된다. 그래서 관행에 의한 예절의 대부분은 상급자의 편의 추구가 목적이다.

심지어 교묘하게 명분을 만들어 선임들의 일을 대신하도록 강요하고, 이것을 군대예절의 범주에 넣어 위장한다. 이러한 특권을 누리는 선임들은 추호만큼이라도 미안함이나 고마운 감정이 없다. 왜냐하면 그들도 후임 시절에 그때의 선임자들을 위해 이런저런 일들을 다 해왔다는 이유로 당당한 것이다. 이미 문화로 굳어진 관행의 군대 예절은 우리 내무생활에서 가장 뿌리 깊은 습관적 의식이 되어버렸다.

예절은 보편성을 추구한다. 군대 예절이든 가정예절이든 누가 보아도 거부감이 없이 받아들여질 수 있을 때 예절로서 가치가 있다. 그래서 우리 군대 예절도 보편적 인식의 예절에 부합될 때 올바른 예절이라고 할 수 있다. 따라서 계급별로 차별화된 행동은 예절로 볼 수 없다. 보편적 인식의 예절에 크게 어긋나기 때문이다. 그럼에도 우리 내무생활에서는 계급별로 차별화된 행동을 군대 예절로 강요하고, 지키지 않을 때는 예의가 없다고 제재를 가하고 있으니 통탄할 노릇이다.

군의 구성원들은 입대 전부터 많은 예절 속에서 성장해왔다. 가정에서의 예절, 학교에서의 예절, 직장에서의 예절 등등, 그 예절들은 장소만 차이가 있었을 뿐 사람 간의 관계에서는 크게 차이가 없었다. 웃어른들에게 공손하게 대하고, 아랫사람에게는 친절하게 대하면 누구나 예의 바르다고 인정을 했다.

그런데 입대한 후부터는 달라졌다. 군대 예절은 입대 전까지의 예절과 전혀 다른 것이 없어야 한다. 입대 전까지 그래왔듯이 윗사람에게 공손하게 대한다고 해서 선임들이 예의 바르다고 인정하지 않는다. 지금까지의 군대 예절은 사회 통념상의 예절과는 다소 거리가 있었기 때문이다.

예절은 보편성을 지향하므로 군대 예절도 보편적이어야 한다. 군대 예절이라고 해서 보편적인 사회 통념상의 예절보다 지나치면 이는 예절이 아니다. 단지 없어져야할 관행이거나 척결되어야 할 악습일 뿐이다.

아들이 자기 방에서 누워 쉬고 있는데 아버지가 들어왔을 때는 당연히 일어나서 예의를 갖춘다. 그런데 아버지와 함께 장시간 동안 텔레비전을 볼 때에도 아들이 시종일관 바른 자세로 앉아서만 시청하지는 않을 것이다. 아버지가 곁에 있지만 아들이 편한 자세로 반쯤 누웠다고 해서 그 아들을 예의 없다고 보지는 않는다. 이것이 사회 통념상의 예절의 범주이다.

우리 군의 내무생활에서도 마찬가지이다. 병사가 생활관에서 주말에 누워서 텔레비전을 시청하고 있는데 당직사관이 들어온다면, 잠시 일어나 경례를 하면 된다. 용무를 마치면 다시 누워서 텔레비전을 시청할 수 있어야 한다. 이 정도가 사회 통념상의 예절이라고 할 수 있다. 이제는 군대 예절도 사회 통념상의 예절이 되어야 한다. 가정에서의 예절, 학교에서의 예절, 직장에서의 예절이 모두 사회 통념상의 예절을 장소만 바꾸어 적용하듯 군대 예절도 사회 통념상의 예절에서 벗어나면 안 될 것이다.

▶ 병영문화의 중요성

문화는 계절과 같아서 그 영향권 내에 있는 모든 사람의 생각과 행동을 지배한다. 계급별로 엄격하게 차별화되어 생활관 내에서 항상 긴장하며 동작 하나까지도 조심해야 하는 계층이 있는가 하면, 이러한 계층을 노예처럼 부리면서 그에 대한 죄책감이나 고마움도 전혀 느끼지 않고 마땅히 누려야 할 특권으로 인식하는 또 다른 계층이 있는 것은, 그 사람들의 인성이나 지성의 문제가 아니라 그 부대의 문화의 문제이다.

계절이 자연현상의 예외를 허용하지 않듯이, 문화도 인간관계의 예외를 허용하지 않는다. 지하철에서 노래를 부르면 경범죄로 구속되고, 쓰레기통을 함부로 차면 사람들이 질책한다. 마찬가지로 부대에 새로 전입온 병사가 엄격하게 차별화된 군의 관습을 거부하고, 긴장하지도 않고 조심하지도 않는다면 기존의 관습에 익숙해져 있던 다른 구성원들이 제재를 가할 것이다. 제재를 가하는 구성원들의 품성이 저열하고 지적 수준이 낮아서 그런 것이 아니라 예외를 허용하지 않는 기존의 문화에 지배를 받고 있기 때문이다.

문화의 구속력은 강제적으로 행해지는 어떤 힘보다 강하다. 과거에는 아무리 단속하려 해도 쓰레기 분리수거가 되지 않던 것이, 지금은 단속을 전혀 하지 않아도 지키지 않는 사람을 좀처럼 볼 수 없게 된 것과 같은 이치이다. 이런 차이가 생긴 것은 과거의 문화는 쓰레기를 분리하지 않던 것이었다면, 지금의 문화는 쓰레기를 분리수거하는 문화이기 때문이다. 우리 군의 내무생활에서도 과거에는 장교와 병사가 함께 샤워하지 않았는데 지금은 장교와 병사가 거리낌 없이 함께 샤워한다. 과거에는 이런 행동을 장교의 품위와 연관하여 금기시하였으나, 지금은 이런 행동을 부하와 유대감을 강화하기 위해 권장하는 문화로 바뀌었기 때문이다.

우리 군에서 발생하는 대부분의 병영 갈등은 상급자에 의해 하급자에게 행해지는 정당하지 못한 통제행위다. 구타, 가혹 행위, 폭언, 욕설 등이 이에 해당한다. 오래전부터 이런 것들을 없애고자 그토록 노력해왔음에도 여전히 내무생활에서 발견할 수 있는 것은 우리 군의 문화가 이런 것들을 암묵적으로 허용하고 있기 때문이다. 법과 규정으로 단속하는 것은 드러난 행위를 대상으로 할 뿐, 사람들의 생각과 행동은 여전히 문화의 지배를 받고 있다. 단속은 지속적이고 점점 강해져야 효과가 있지만 문화를 바꾸면 단속이 필요 없다. 문화의 힘은 단속의 힘보다 훨씬 크기 때문이다. 문화를 바꾸는 것이 병영 갈등을 척결하는 가장 빠른 지름길인 것이다.

▶ 간부가 되기에 앞서

병사들을 훈육하는 일은 힘들고 어렵다. 그들이 간부들의 의지에 맞게 움직이게 하기 위해서는 본인의 뼈를 깎아내고 살을 도려내는 고통과는 다른 차원의 고통을 병사들과 함께 이겨내야만 하기 때문이다. 요리를 하려면 먼저 요리의 레시피를 알아야 하듯이 병사들을 양육하는 데에는 병사들을 훈육하는 데에 대한 지식과 기술을 배우고 익혀야 한다. 배워야 간부 노릇을 제대로 할 수 있다. 물론 그렇기 때문에 끊임없이 자기계발 또한 해야 한다. 간부가 배워야 하는 이유는 자신의 한정된 경험과 지식만을 믿다가 병사들에게 잘못된 지식을 전파하는 오류를 범하지 않기 위해서이다. 병사들의 훈육은 미래 대한민국의 성패와도 직결되는 중차대한 문제이기 때문이다.

많은 후보생 혹은 생도들이 간부가 된다는 것에 대해 매우 낭만적인 생각을 가지고 있는 것은 분명한 사실이다. 교육 기간을 어떻게든 버티고 임관을 하면 저절로 그리고 성공적으로 군의 간부가 될 수 있을 것이라고 생각하고 간부의 무게에 걸맞지 않게 준비 없이 간부가 된다. 간부가 되기 위해서는 손자병법에 나와 있듯이 지·신·인·용·엄을 두루 갖추어야 한다. 그렇기 때문에 많은 준비가 필요하다. 하지만 후보생들이 민간인에서 간부가 되는 과정 중 병사들을 이해하기 위한 노력은 거의 전무한 실정이다.

간부들은 병사들을 훈육하면서 수없이 많은 후회를 한다. 혹은 해야 하는데 생각이 없기 때문에 하지 않는다. 좀 더 병사들과 대화하는 방법을 알았더라면, 좀 더 일찍 병사들이 원하는 것을 알았다면, 좀 더 일찍 병사들이 겪어야 할 변화를 알았더라면, 할 수만 있다면 지나간 시간을 되돌리고 싶을 것이다. 후회를 최소한으로 줄이려면 훈육요원 바짓가랑이라도 잡고 병사들에 대해서 이해하고 필요한 것들을 자체적으로 구비해서 임관을 해야 한다. 임관하는 그 순간부터 병사들은 의식적으로 혹은 무의식적으로 간부들에게 집중하게 되며 간부의 일거수일투족을 통해서 자신의 인생을 계획해 나가기 때문이다.

그렇다면 올바른 간부가 되기 위해서는 무엇을 배우고 어떤 점에 대해서 생각해 보아야 할지에 대해서 생각해 보도록 하자.

첫째, 앞서도 언급하였지만 누구나 임관을 하고 자대를 배치 받음으로써 자연스럽게 간부 역할을 수행할 수 있다는 생각에서 벗어나야 한다.

올바른 간부의 역할에 대한 지식을 간부가 되기 전에 습득할 필요가 있다.

둘째, 간부는 성숙하고 완벽한 존재이며 병사들은 간부에 종속된 미숙한 존재라는 생각에서 벗어나야 한다. 인간은 누구나 완벽할 수 없다. 간부들도 단점을 지니고 있는 인간이기 때문에 실수를 범할 수밖에 없다. 따라서 간부가 되기 전에 어떤 간부가 될 것인가에 대해서 간부 스스로가 끊임없이 고민해야 한다.

셋째, 간부가 되면 병사들과 자연스럽게 신뢰관계가 형성될 것이라는 오류에서 벗어나야 한다. 간부와 병사들의 관계는 매우 역동적이다. 내무생활이라는 운명공동체, 울타리에 억지로 매어 있기 때문에 다른 인간관계보다는 더 자연스럽게 깊은 관계로 발전할 수 있지만, 끊임없이 신뢰를 얻고 능력을 보여주지 못한다면 병사들의 신뢰는 언제든지 깨어지고 다시 돌아가기 어려운 상태가 될 수 있다. 따라서 간부가 되기 전에 내무생활에 대한 이미지 트레이닝을 많이 하고 병사들에게 신뢰를 쌓을 수 있는 능력을 구비하여야 한다.

넷째, 간부가 되려는 사람은 자신의 병력들은 다른 병사들과 다르게 만들어야 한다는 강박관념에서 자유로워야 한다. 누가 누구보다 잘 하고 못 한다는 생각, 자신의 병사들은 최고여야 한다는 생각에서 벗어날 때 올바른 간부로서의 역할을 수행할 수 있게 될 것이다.

사회의 모습이 변하면서 병사들이 학교기관에서 받던 인성교육은 무너졌다. 성과 위주의 교육만을 받아오던 청년들이 군에 입대하는 것이다. 물론 가정에서 가르치는 인성교육의 수준 또한 이전만 못하다. 그렇기 때문에 군에서의 간부에 의한 인성교육은 더더욱 중요해졌다. 이런 상황에서 간부가 될 사람들이 병사들에 대한 현실을 준비 없이 받아들이기에는 너무 어려워진 것이 작금의 현실인 것이다. 간부의 역할을 제대로 준비하지 못한 간부는 잘못된 가치관과 생활습관, 인성을 병사들에게 되물림하게 될 것이고 이는 병사들을 사회의 골칫덩이로 만들어내는 지름길이다.

간부는 병사들을 위해 그들의 내비게이터가 되어야 한다. 급한 마음을 잠시 접어두고 병사들과 어떻게 잘 지낼 것인지, 어떤 것을 가르쳐야 할 것인지 배워야 한다. 병사들이 겪는 마음의 갈등과 불안, 내무생활의 스트레스에 대해서 공감해주고 격려해줄 수 있는 간부가 되어야 한다. 준비된 간부가 대한민국의 미래를 밝게 한다.

▶ 간부의 책임

군에서 간부에게 주어지는 책임은 크게 두 가지가 있다. 임무 수행과 병력관리가 그것이다. 사회의 조직에서는 중간 관리자들의 책임은 임무 수행 이상도 이하도 아니다. 기업에서의 중간 관리자는 임무 수행을 통한 이윤의 창출이 가장 큰 책임이다. 물론 팀장, 과장들이 인사고과를 통하여 부하직원을 관리하기는 하지만 그것은 임무 수행의 효율을 높여서 이윤을 극대화하기 위함이지 그 자체가 목적인 경우는 거의 없다.

하지만 군이라는 조직에서 요구하는 간부의 책임은 사회에서 간부의 것과는 다르다. 임무 수행은 사회의 다른 조직과 크게 다르지 않다. 강한 훈련으로 전투력을 향상시키고 장비관리를 철저히 하여 전쟁에서의 승리를 가져오는 임무 수행의 모습은 사회에서 간부의 책임과 비슷하다고 할 수 있다. 하지만 군의 간부에게는 병력관리라는 중요한 책임이 하나 더 있다. 이 책임은 사회의 다른 조직과 같이 임무 수행을 잘하기 위한 것이 아니다. 병력관리 또한 그 자체가 목적인 것이다. 사회에서의 조직은 모두 구성원이 스스로 원해서 그 조직에 속해있으므로 중간 관리자인 간부들은 조직의 목적에 초점을 맞추어 구성원들이 보다 효율적으로 임무 수행을 할 수 있게 하는 데 중점을 두고 부하관리를 한다. 때문에 구성원을 관리하고 유지하는 것은 임무 수행의 하위개념일 수밖에 없다. 하지만 군의 병사들은 자신이 원해서 군에 속해있는 것이 아니기 때문에 군 생활을 하는 21개월 동안 건강하게 생활할 수 있도록 도와주어야 할 책임이 우리 간부들에게 있는 것이다. 복무 기간동안 부모의 역할을 간부들이 대신하는 것이다. 부모가 자식을 보살필 때 다른 목적으로 보살피는 것이 아니듯이 간부들 역시 병사들을 보살피는 것이 다른 목적의 하위 개념일 수 없는 것이다.

하지만 일부 간부들은 병력관리를 임무 수행의 하위개념으로 생각하는 경우가 있다. 임무 수행을 위해서 병사들의 복지를 제한시킬 수 있다는 생각을 하는 것이다. 군의 존재목적이 국민의 생명과 재산을 보호하는 임무 수행에 있는 것은 사실이나, 그렇다고 해서 병사들의 복지, 건강 등을 무시해도 된다는 것은 아니다. 병사들에게 일방적인 희생을 강요하여 성과를 달성한 간부는 병사들에게 반감을 사게 되어 진정한 충성을 끌어낼 수가 없다. 부하가 상관에게 진정으로 충성하지 않는 부대는 전투에서 승리할 수가 없다.

성과달성을 위해 병사들의 복지를 제한하는 것 또한 나쁜 것이지만 그보다 질 나쁜 것은 자신의 편의를 위해 병사를 희생시키는 것이다. 간부가 자신은 퇴근하면서 병사에게 내일 아침까지 어떤 작업을 시키고 퇴근한다든지 자신이 해야 할 일을 병사들에게 시키는 것은 임무를 위해 병사들을 희생시키는 것이 아니라 자신의 편의를 위해 병사들을 희생시키는 것이다. 병사들에게는 내무생활의 의무가 있지만 병사들 역시 일과를 마치면 생활관으로 퇴근을 해야 하는데 그렇지 못함으로 병사들의 복지가 침해받게 되는 것이다.

물론 부대의 업무가 바쁠 때는 간부와 병사 모두 야근을 할 수도 있다. 일요일에도 일할 수 있는 것이다. 하지만 이것이 정당하려면 모두가 공감한 상태여야 하며 간부도 동참해야 한다. 일과시간이 지나서 병사들만 남아서 업무를 하는 것은 임무 수행을 위하여 희생하는 것이 아니며 특정 간부를 위해 희생하는 것이다.

내가 좋아하는 사람에게 복종하는 것은 아름다운 자유보다 더 행복하다. 이 말은 복종하는 것이 행복하기 위해서는 복종의 대상이 내가 좋아하는 사람이어야 한다는 것을 의미한다. 내가 좋아하는 사람에게 복종하는 것보다 더 행복한 것은 없다. 반대로 내가 싫어하는 사람에게 복종해야 하는 것보다 더 고통스러운 것은 없다.

군 간부는 병사들의 복종을 받아야 하는 사람들이다. 어떤 병사가 자신의 상관인 간부를 좋아한다면 그 병사는 최고의 행복 속에서 생활하는 것이다. 반대로 어떤 병사가 자신의 상관인 간부를 싫어한다면 그 병사는 고통 속에서 생활하고 있는 것이다. 간부의 성향에 따라 병사들의 군 복무가 행복인지 고통인지 결정되는 것이다.

병사들을 직접 지휘하는 간부에게 가장 중요한 덕목은 바로 병사들이 좋아하는 것, 즉 병사들에게 호감을 사는 것이다. 그래서 병력을 직접 지휘하는 중대장급 이하의 간부는 어떻게 해서든지 병사와 친해져야 한다. 전투 중에도 내가 좋아하는 상관은 앞에 서서 적의 총탄을 막아 주지만, 내가 싫어하는 상관은 뒤에 서서 적과 함께 조준한다. 그 사례가 월남전의 미군에서 증명되었다. 전사한 미군 소대장의 다수가 아군의 총탄에 의해 전사했기 때문이다.

▶ 병사들의 인생의 스승, 그 이름은 간부

앞서도 이야기하였지만 우리의 병사들은 군에서 내무생활을 한다. 지금껏 그들이 최소 12년 이상 교육을 받았던 환경과는 판이하게 다른 환경이 그들 앞에 펼쳐진 것이다. 방과 후에 원하지 않는 학우와 학교에서 남아있어야 하는 상황은 누구나 원하는 상황은 아닐 것이다. 그만큼 내무생활은 힘들고 어렵고 길다. 그리고 힘들고 긴만큼 군 생활이 그들에게 미치는 영향은 결코 작지 않다. 군대를 다녀온 친구들끼리 모이면 학교 이야기보다 군 생활 이야기가 나오는 것은 군 생활이 인생에서 얼마나 큰 영향을 주는가에 대한 단적인 대답이 될 수 있는 하나의 현상이다.

대한민국의 청년들에게 이처럼 큰 영향을 주고 있는 군에서 병사들과 직접 얼굴을 마주 보며 그들을 지도하는 대상은 바로 '간부'들이다. 특히 임관한 지 5년 미만인 초급간부들은 병사들과 직접 소통하며 임무를 수행한다. 병사들이 미래 대한민국의 주인이자 미래 우리의 상관이기 때문에 초급간부들은 병사들을 올바른 방향으로 훈육함으로써 대한민국의 미래를 만들어 가는 사람이다. 하지만 군내에서는 초급간부들이 크게 대우받고 있지 못한 것이 사실이다. 그러나 병사들과 같은 세대에서 같은 기억과 추억을 공유하며 진정으로 그들과 이해할 수 있는 유일한 계층이 바로 초급간부들인 것은 부인할 수 없는 사실이다. 40대 이상의 원숙한 나이에 소대장으로 임무 수행 하는 것보다 20대 초중반의 나이가 소대장 역할을 더 잘할 것이라고 나는 믿어 의심하지 않는데 그 이유는 20대 초중반의 간부들이 현대의 병사들과 올바르게 소통할 수 있다고 생각하기 때문이다. 병사들의 생각을 이해하고 그들과 진심으로 대화할 수 있는 유일한 계층인 초급간부이야 말로 군의 중추이자 근간이다. 그렇기 때문에 군에서 초급간부들이 병사들의 좋은 선생이 될 수 있을 것이라는데 의심할 여지가 없다.

군에 입대하기 전에 대한민국의 청년들은 좋든 싫든 수많은 선생님을 만나게 된다. 학교에서 12년 넘는 시간을 보내면서 학교에서 선생님을 만나게 되고 개개인의 차이에 따라서 축구부에서 코치님을 만날 수도 있고 학원에서 선생님을 만날 수도 있다. 하지만 사회에서의 어떤 선생님도 군에서의 간부만큼 대한민국의 청년에게 영향을 줄 수 없을 것이다. 이유는 여러 가지가 있다.

첫째로 사회에서의 훈육과 교육은 밀착해서 이루어진다 하더라도 24시간 계속 이루어지기는 어려운데 군이라는 특수한 환경에서는 가능하기 때문이다.

둘째로 병사들 대부분 20대 초반이라는 신체적으로도 건강하고 정신적으로 활발한 나이에 입대하기 때문에 훈육하기에 매우 적합하다.

셋째로 2년이 조금 안 되는 상대적으로 긴 기간 동안 훈육이 이루어지기 때문에 반복된 교육이 이루어질 수 있기 때문이다. 이러한 이유 때문에 군에서의 훈육이 효과적이고 많은 영향을 줄 수 있는 것이다.

이처럼 군에서의 가르침이 대한민국의 청년들에게 많은 영향을 주고 나아가 대한민국 전체에게 영향을 주기 때문에 군에서 선생님의 역할을 수행해야 하는 초급간부들의 역할은 매우 중요하다고 할 수 있다.

그렇지만 초급간부들에게 병사들의 훈육의 모든 책임을 지우기에는 아직 그들의 경험과 능력이 일천한 것이 사실이다. 갓 입대한 하사와 병사들을 비교해보면 문제가 무엇인지 쉽게 알 수 있다. 하사는 고등학교를 졸업한 사람이라면 대부분 문제없이 지원할 수 있다. 만일 고등학교를 졸업한 학생이 군에 뜻을 가지고 졸업과 동시에 하사에 지원하여 합격을 한다면 스무 살에 하사로 임관할 수 있을 것이다. 하지만 갓 임관한 하사가 지도해야 하는 병력들은 75% 이상이 대학교 재학 이상의 학력을 가지고 있으며 군 생활 경력 또한 초임 하사보다 월등한 것이 현실이다. 초임 하사는 이들과 함께 훈련, 작업, 정신교육 등의 정해진 일과를 함께 해야 한다. 때로는 면담으로 병사들의 문제도 해결해야 할 것이고 당당하고 카리스마 있게 자신의 뜻대로 지휘할 수도 있어야 한다. 하지만 초급간부들에게 그러한 수준까지 요구하기에는 쉽지 않은 것이 우리 군의 현실이다.

모든 초임 간부들이 그러하겠지만 나 역시 초임 간부로서 책임과 능력의 괴리감을 느낀 적이 있었다. 아니 많았다. 하지만 그러한 제한사항에 봉착하였을 때마다 나와 병력들을 올바른 방향으로 지도해주신 지휘관님들이 계셨다. 나와 내가 지휘하는 많은 병력들은 지휘관분들을 롤모델로 생각하고 그분들이 몸소 보여주시는 솔선수범을 실천하기 위해서 노력했다. 나 또한 과거의 모셨었던 지휘관님들의 솔선수범을 지금도 기억하고 있다. 때문에 지금도 나 스스로 지휘하는 병력들에게 솔선수범하기 위하여 노력한다. 과거에 내가 그러하였듯이 내가 그들에게 보여주는 모습이 미래의 대한민국의 모습이 될 것이기 때문이다. 그러므로 올바른 부대 내의 간부들의 모습은 초급간부들은 병사들의 선생 역할을 수행하며, 지휘관은 병사들의 롤모델이, 나머지 간부들은 그를 도와주는 도우미 역할을 수행하여야 한다.

▶ 간부들을 따라 하는 병사들

병사들은 항상 간부들을 바라본다. 사실 간부가 아니어도 상급자를 본능적으로 바라보게 된다. 그렇기 때문에 간부들이 가정을 떠나서 지금까지 만난 스승 중에서 가장 큰 영향을 주는 스승이 자연스럽게 되는 것이다.

병사들의 행동을 관찰하다 보면 해당 병사들을 통제하는 간부들의 성향을 무서우리만치 따라 한다는 것을 알 수 있다. 병사들은 내무생활을 하면서 간부들을 역할모델로 하여 생활태도와 가치관을 배우게 된다. 그리고 간부에 의해 학습된 생활 전반에 대한 습관은 모두 병사들의 내면 깊숙이 자리 잡게 된다. 문제는 간부들의 올바른 측면 또한 배우지만 올바르지 못한 측면 또한 쉽게 학습한다는 것이다. 그리고 상대적으로 올바르지 못한 측면을 더 빠르게 더 많이 닮게 된다. 병사들도 간부들의 옳지 못한 측면을 알고 있으면서도 무의식적으로 간부와 같은 행동을 하고 있는 자신들의 모습을 발견할 때마다 당황스러워한다. 하지만 그런 행동을 인식하면서도 쉽사리 자신의 행동을 바꾸지 못한다는 것을 알게 되는 병사들은 쉽게 딜레마에 빠지게 되고 괴로워하게 된다.

위에서 장황하게 기술하였지만 간부들의 행동이 올바르고 정당하다면 원초적인 원인이 제거되는 것이다. 때문에 간부들 스스로가 자신의 행동을 반추하고 잘못된 행동이 있다면 고치려고 하려는 노력이 필요하다.

3월만 되면 대학에 재학하고 있는 학생예비군들의 '군대식 군기 잡기'에 대한 캠퍼스 문제를 보도하는 뉴스가 끊이지 않는다. 예비군 입장에서는 사랑하는 후배들을 환영하려는 목적이 있겠지만 당하는 입장에서는 명백히 폭력의 일환으로 느껴질 것이다. 이처럼 근시안적으로 바라보더라도 올바르지 못한 군 문화가 미래 대한민국에 해를 끼친다는 것을 알 수 있다. 대학생 예비군들의 삐뚤어진 군 문화에 대한 인식이 대한민국의 암적인 존재로 발전하였듯이 간부들이 병사들에게 심어주는 행동 하나하나가 병사들의 인생에 큰 영향을 주게 된다.

간부들은 병사들이 문제행동을 보이면 그 행동에 대한 원인을 고민하기보다 어떻게 하면 그 행동을 고칠 수 있을까를 고민한다. 그러나 그 문제행동의 원인을 먼저 생각해 보는 것이 문제에 더욱 가까이 다가갈 수 있는 지름길이다. 병사들의 이상행동은 간부들의 행동에 대한 반작용인 경우가 많다. 병사들 스스로가 간부들과 닮아짐을 통해서 생존하기 위해 노력한 방어기제인 것이다. 따라서 병사들이 문제행동을 보이면 병사를 탓하기 전에 반드시 간부 자신을 돌아봐야 한다. 그리고 문제가 있다면 적극적으로 사과를 하고 다시 병사에게 다가가야 한다. 간부로서 병사들 앞에서 당당히 바로 서기 위해서는 힘들어도 가야만 하는 길이자, 간부로서의 통과의례다.

군에서 원인 없는 결과는 없다. 병사들을 훈육함에도 이 말은 적용된다. 병사들의 생활 전반에 걸쳐서 간부에게서 영향을 받지 않은 것이 없기 때문이다. 간부를 보면 해당 간부가 지휘하는 병사를 예상할 수 있다. 임관을 하고 소대장이나 분대장으로 임무 수행하게 되어 병사들을 훈육하게 되면 자신의 훈육관이나 이전에 모셨던 지휘관과 같은 방식으로 병사들을 훈육하는 자신을 발견하는 순간이 있을 것이다. 간부로서 병사들 위에 바르게 서야한다는 이론적, 정신적 준비 없이 간부가 되어서 간부로서 왜곡된 지도방식이 습관이 되어버리면 그것이 옳은지 그른지 판단하지 못한 채 이전에 자신이 보아왔던 훈육방식을 그대로 병사들에게 적용하게 된다. 아무리 훌륭한 지휘관과 선임의 지도아래서 배웠다 하더라도 그 지휘방식을 자신만의 방식으로 소화하지 못하고 그저 답습만 한다면 올바르게 병사들을 훈육할 수 없다. 좋은 간부로서 병사들을 훈육하기 위해서는 이전의 자신이 경험했던 상급자에 대해서 깊게 생각해 보고 그들을 극복하기 위한 과정이 필요하다. 그래야만 내 병사들을 올바른 방식으로 지도할 수 있고 군인으로서 미래 대한민국에 올바르게 헌신하는 것이다.

▶ 완벽한 간부의 딜레마

완벽한 간부가 되려 하는 간부는 병사들과 함께하는 성취가 자신을 반영한다고 믿는 경우가 많다. 병사들이 다른 간부들의 눈에 어떻게 보이는가에 따라 자신에 대한 평가가 달라진다고 생각하기 때문이다. 때문에 지휘관의 눈에 자신의 병사들이 최고로 보이기 위해 실수하거나 준비되지 않은 모습을 보이는 것을 받아들이기 어려워한다. 물론 간부 자신 역시 모든 면에서 모범적이어야 하고 준비가 되어 있어야 안심한다. 그리고 병사들을 완전히 통제하기 위하여 매 순간 병사들에게 긴장된 내무생활을 요구한다. 병사들이 조금이라도 자신이 원하지 않는 행동을 하게 되면 자신의 권한을 사용하여 통제와 감시를 강화한다.

주변의 시선에 부응하기 위해 노력하는 간부는 타인의 평가에 의해 자신의 가치가 결정된다고 믿는 사람이다. 이런 간부의 훈육 아래 지휘된 병사들은 매사에 상급자의 눈치만 보고 상급자의 의도 때문에 자신의 인생을 포기하게 된다. 결국 지나친 통제는 병사들의 군 생활을 망치는 것이다.

또한 이런 간부들은 병사들을 자신의 통제에 완벽하게 따르게 하기 위해서 노력하는데 모든 부분에서 다른 병사들보다 뛰어나기를 바란다. 물론 병사들의 적성과 성격은 고려하지 않는다. 처음에는 간부에 대한 두려움으로 애쓰던 병사도 점점 지치게 되어 상병쯤 되었을 때부터는 아무것도 하기 싫어한다. 이는 사회에서도 이어져 결국 귀찮다는 핑계로 아무것도 하지 않는 사회인을 양산하게 된다.

모든 것을 잘하는 병사는 없다. 어딘가 조금 부족해 보이는 것도 당연한 것이다. 대신 간부가 세심하게 관찰한다면 개개인의 각기 다른 뛰어난 재능을 발견할 수 있을 것이다. 군이라는 것은 여러 사람이 모이는 곳이기 때문에 한 명의 부족한 부분을 다른 사람이 메우면 된다. 결국 병사들이 군에서 자신의 적성을 찾을 수 있도록 도와주어야 하는 것이다. 병사들이 가진 단점을 장점으로 볼 줄 아는 간부의 긍정적인 시각이 병사들의 인생을 행복으로 이끈다. 간부가 병사들에게 해줄 수 있는 최고의 선물은 병사 스스로 재능을 꽃피울 수 있을 때까지 인정하고 믿고 기다려주는 것이다. 완벽한 간부, 최고의 간부가 되려는 간부보다 조금 부족하더라도 진솔함으로 병사에게 다가가고 사랑으로 소통하려는 간부가 우리 군에 필요한 간부이다.

▶ 병사들의 있는 그대로의 모습을 받아들이기

군 간부집단의 가장 큰 특징은 도태의 집단이라는 것이다. 임관하는 모두가 대장 계급으로, 준위 계급으로, 원사 계급으로 군 생활을 마칠 수 없는 것이 군의 현실이다. 때문에 앞서 언급한 것과 같이 상급자에게 인정받기 위해 병사들에게 높은 수준을 요구하는 간부들과 그에 지치는 병사들 사이에 끝없는 갈등이 발생한다. 간부는 높은 기대수준을 제시하면 자극을 받아서 높은 성과를 낼 것이라고 생각하지만 현실은 그렇지가 않다. 간부의 이어지는 요구는 간부가 병사들의 있는 그대로의 모습에 만족하지 못한다는 메시지를 병사들에게 전하게 된다. 잘한 것보다 부족한 것을, 장점보다는 약점에 집중하여 더 발전하기를 요구하는 간부에게 병사들은 간부들이 자신을 마음에 들어 하지 않으며 못마땅하고 싫어한다고 생각한다.

병력들이 입대해서 전역할 때까지 간부들의 사랑은 무조건적이어야 한다. 하지만 많은 병사들은 잘하지 못하면 사랑받지 못한다는 생각을 가지고 있다. 군은 훈련은 물론이고 성격도 좋아야 하는 냉혹한 세계라고 이해하는 것이다. 이렇게 되면 병사들은 스스로 있는 그대로의 자기 모습을 인정하기 어렵다. 자신을 미워하고, 부정하면서 깊은 심리적 고통을 겪게 되는 것이다. 이 과정에서 극단적인 선택을 하는 병사들도 있다.

병사들은 부대를 답답하고 싫다고 생각하는 것이 대부분인데 심한 병사들의 경우 부대를 감옥에 비유하기도 한다. 간부들이 자신들의 모습을 용납하지 않는다고 느끼는 부대일수록, 간부가 칭찬보다 비난과 비판의 말을 많이 하는 부대의 병사일수록 부대가 답답하고 숨이 막혀 마치 감옥에서 사는 기분이라 이야기하기 쉬울 것이다. 21개월 동안 자신의 집과 같은 부대를 사랑하지 못하고 불만을 표출하고 비난하는데 주저하지 않는 병사들을 보면서 간부의 한사람으로서 미안하고 민망할 때가 종종 있다.

정신의학자 에릭 번은 사람의 삶의 태도를 네 가지로 분류했다. 그리고 이 태도가 훈육자의 훈육 태도에 강한 영향을 받는다고 하였다. 적절하게 이해받고 보살핌 받은 경험이 있느냐에 따라서 사람이 자신과 다른 사람, 나아가 인생을 대하는 태도가 달라진다고 볼 수 있다.

자기를 부정하고 타인을 긍정하는 사람은 자신이 남보다 모자라다고 생각하고 다른 사람을 부러워하며 의존한다. 사사건건 단점을 지적받고 핀잔을 듣던 병사, 우수한 병사와 비교당하는 병사, 자신의 의지로 행동할 기회를 얻지 못하고 의존적으로 훈육된 병사들이 이런 태도로 기울기 쉽다. 자신감과 자기 확신이 없기 때문에 수동적으로 간부의 의견을 따르고, 잘하는 병사들과 자신을 비교하며 위축감을 떨치지 못한다. 열등감 대문에 타인과 교류를 회피하고, 지속적으로 우울을 느낀다.

자기를 부정하고 타인도 부정하는 사람은 자신을 가치 없는 존재라고 여기고 의기소침해 있지만, 타인 역시 부정적인 시선으로 바라본다. 타인이 무언가를 성취하면 운이 좋았다고 평가절하하며, 자신은 뭘 해도 안 될 거라며 비관적이고 무기력한 모습을 보인다. 간부들에게 긍정적인 수용을 받지 못했을 뿐 아니라 적절한 보살핌과 애정 없이 방치당한 병사, 학대에 보호받지 못한 병사들이 이런 유형의 태도를 가지기 쉽다. 무엇을 해도 인정받을 수 없었던 경험이 불평불만과 비관으로 나타난다고 볼 수 있다.

자기를 긍정하고 타인을 부정하는 사람은 매사에 나만 옳고 남은 틀렸다고 생각한다. 마치 어린아이와 같이 자기중심적이다. 훈육 과정에서 간부를 비롯한 다른 병사들과 충분한 교류를 하지 못하여 서로 수용하는 방법을 배우지 못한 경우이다. 겉으로는 자신감이 강해 보이지만, 이는 왜곡된 자존심과 비현실적인 자만심에 가깝다. 타인에게 분노와 불신을 드러내며, 남을 업신여기며 독선적인 태도를 보이기 때문에 대인관계에 어려움을 겪는다.

자신을 긍정하고 타인도 긍정하는 사람은 남과 나의 차이를 인정할 줄 알고 열린 마음으로 세상을 대한다. 간부로부터 충분한 긍정과 수용을 받아 스스로와 타인에 대한 신뢰를 가지게 된 병사들은 자신감을 갖고 여러 상황에 대처할 줄 알며, 기꺼이 다른 사람과 협력하고 교류한다. 건강하고 행복한 삶을 영위할 수 있는 가장 조화롭고 안정적인 삶의 태도라고 할 수 있다.

올바른 간부라면 누구나 자신과 타인을 긍정할 수 있는 네 번째 유형과 같은 병사를 훈육하고자 할 것이다. 그러기 위해서 첫 번째 전제조건은 병사들이 가진 다양한 모습을 있는 그대로 바라보고 인정하는 것이다. 병사를 긍정적인 시선으로 바라보면 간부 자신도 편안해지고 병사도 자존감과 유능감이 있는 건강한 병사로 자리 잡는다. 누구와 비교하지 않고 자신의 잠재력을 마음껏 발휘하는 자아실현적인 삶을 살 수 있다.

병사들은 '훈련을 잘하면' '특급전사가 되면'이란 조건 없이 간부로부터 인정을 받고, 칭찬을 듣고 싶어 한다. 비록 내 병사가 한 가지도 잘하는 것이 없다고 하더라도 그 병사는 사랑받을 권리가 있다. 존재 자체만으로 사랑받고 있다는 것을 느낄 수 있어야 자존감이 높은 사회인으로 자리 잡을 수 있다. 병사들의 어떤 행동과도 상관없이 병사들을 조건 없이 사랑한다는 메시지를 간부에게서 받을 때 병사는 간부와 자기 자신을 온전히 믿게 된다.

간부로서 병사들을 훈육하다 보면 지금 내가 지도하는 병사들에 모습에 만족하고 편안한 마음으로 뒤돌아서기가 쉽지 않다. 하지만 병사들의 있는 그대로의 모습을 인정해 줄 때 더 잘 하려고 노력하게 된다. 지금 하고 있는 노력을 인정해주는 것 자체가 병사에게는 격려가 되어서 더 잘하고 싶은 내재적 동기를 불러일으키게 되는 것이다.

인간으로 태어난 모든 이들은 더 나은 방향으로 나아가고 싶은 기본적인 욕구가 있다. 병사들도 더 잘하고 싶은 마음이 분명히 있다. 간부들에게 인정받고 칭찬받고 싶은 욕구가 충족이 되면 병사들은 간부가 잔소리하지 않아도 스스로 할 일을 찾고 자기주도적인 군 생활을 할 수가 있다. 물론 이러한 태도가 사회생활에서도 이어짐은 당연하다. 그리고 어느 순간이 되면 자신의 잠재력을 발휘해서 행복한 인생의 주인공이 될 수 있는 것이다.

자신이 지휘하는 병사가 다른 병사보다 조금 더 잘하기를 애타게 바라는 간부들에게 병사들의 모습은 언제나 부족하게 느껴질 수밖에 없다. 하지만 그러한 욕구가 더더욱 병사들을 옭아매고 잠재력을 발휘할 수 없도록 한다는 것을 알아야 한다.

▶ 병사들을 칭찬해주고 기다려줄 수 있는 간부

병사들의 내무생활을 감시하고 통제하면서 병사들의 행동을 통제할 수 있다고 생각하는 간부들이 많이 있다. 하지만 그것은 간부의 오만일 뿐이다. 병사들이 24시간 동안 위병소를 통과하지 않는다고 간부들의 통제 아래 있는 것이 절대 아니다. 간부들이 병사들의 내무생활을 통제하면 통제할수록 사각지대는 넓어지는 것이다.

20대 초반의 나이는 자신만의 신념과 가치관이 형성되는 시기이다. 하지만 그렇다고 병사들을 홀로 두는 것 역시 답이 아니다. 병사들은 독립하려고 노력하지만 아직은 성숙하지 못하기 때문에 간부들의 도움 없이는 하나의 인격체로서 자리 잡기는 어려운 시기이기 때문이다. 그렇기 때문에 병사들이 인격체로 자리 잡을 수 있도록 간부들이 물심양면으로 도와주어야 한다.

최근에는 이러한 경향이 더욱 심해졌는데 그 이유는 자녀가 고등학교를 졸업하였음에도 과도한 부모의 관심이 이어져 병력들의 홀로서기가 더뎌졌기 때문이다. 눈뜨고도 코를 베인다는 세상이지만 부모들의 과도한 관심이 병사들의 자립을 느리게 하는 것은 사회적인 큰 문제이다. 이러한 문제가 군에서도 이어져 대한민국 청년들의 신념과 가치관이 정립되는 시기가 늦어지고 있다. 물론 그 때문에 군내에서의 병사들의 과도기적 성향은 더욱 심해졌다.

하지만 오히려 그렇기 때문에 더욱 병사들을 훈육함에 있어 한걸음 뒤에서 바라보는 것이 중요해졌다. 병사들에게 시간을 주는 것은 훈육의 초점을 관계 지향적으로 전환시키는 출발점이다. 지금까지는 간부의 입장에서 통제의 방법을 사용했다면 이제부터는 병사들의 입장에서 중점을 두고 관계의 발전과 진화에 초점을 맞추어 보자. 지나친 통제와 간섭을 배제하고, 섣불리 간부가 원하는 방향으로만 이끌기보다는 병사 스스로가 관심을 갖게 하고 싶어 하도록 하는 방법을 찾아야 할 것이다.

간부가 자율적 환경을 제공하는 부대의 병사들이 업무에 대해 높은 흥미를 가지게 되는 것은 어찌 보면 당연한 일이다. 병사들의 자율성을 존중할 때, 간부들의 그늘에 가려져서 보이지 않았던 병사들의 잠재력을 발견하고 계발할 수 있다. 간부가 생각하는 방법이 항상 최선이라는 편견에서 벗어나야 한다. 병사들을 믿는 것은 생각보다 어렵지 않다. 처음에는 작은 일부터 시작하면 된다. 병사들이 실수를 통해서 배워 나갈 수 있도록 기회를 주고, 의사결정에 익숙해지는 과정을 지켜보는 것이다. 어느새 병사들에 대한 신뢰가 자라나고 전적으로 병사들을 믿는 자신을 발견할 수 있을 것이다.

또한 병사들의 단점을 지적하기보다는 칭찬하는 태도 또한 필요하다.

간부는 병사들이 부정적인 행동을 하지 않도록 지도해야 할 책임이 있다. 하지만 병사들이 칭찬받아 마땅한 행동을 했을 때에는 지나칠 때가 많다. 이러한 태도는 병사들에게 자신이 매일 사고만치는 부족한 사람이라는 인식을 심어주는 것과 같다. 그렇지 않아도 평소 간부들에게 주눅 들어있어 자신감이 없던 병사들은 자신감이 없다. 결국 낮은 자존감과 부정적인 자아상을 가지게 되는 사회인으로 양성되는 것이다.

간부는 병사들의 장점을 찾아서 칭찬해주고 자신이 세상에서 하나밖에 없는 '특별한 존재'라는 것을 느낄 수 있도록 해주어야 한다. 그렇기에 병사들의 단점보다는 장점에 집중해야 한다. 잘하는 것을 해서 칭찬을 받으면 병사들은 자신감이 생기고 자신에 대해서 긍정적인 이미지를 형성하게 된다. 사람들은 자신이 소중하고 특별한 존재임을 인정받고자 하는 기본적인 욕구가 있기 때문이다.

칭찬을 할 때에는 병사들의 행동을 구체적으로 칭찬해야 한다. 막연하고 건성으로 하는 칭찬을 들으면 병사들은 상투적인 말로 받아들여 식상해 한다. 행동을 구체적으로 칭찬해주어야 병사들이 전보다 더욱 노력할 수 있다. 또한 결과보다 과정과 노력을 칭찬해주어야 한다. 통상 간부들은 결과를 가지고 병사들과 교감하려한다. 그렇기 때문에 결과가 좋지 않으면 병사들의 자신감은 낮아지게 된다. 결과가 만족스럽지 못하더라도 열심히 한 과정 그 자체에 칭찬할 수 있어야 병사들은 다시 시작할 수 있는 용기가 생기게 된다.

칭찬과 꾸중을 함께해야 하는 상황이 생겼을 때에는 칭찬을 먼저 하는 것이 더 효과적이다. 칭찬을 먼저 한 후에 고쳐야 할 것을 이야기해야 병사들이 칭찬과 지적 모두 집중할 수 있다. 하지만 지적을 먼저 이야기하면 이미 병사들의 기분이 상한 뒤이기 때문에 칭찬이 들리지 않는다.

그리고 의도를 가지고 병사들을 칭찬해서는 안 된다. 의도를 가지고 하는 칭찬은 간부가 병사들을 통제하고 지배하기 위한 수단으로 변질된다. 이러한 칭찬은 간부의 칭찬을 받을만한 행동을 할 때에만 조건적으로 관심을 받고 있다는 메시지를 병력들에게 보낼 수 있다. 칭찬은 순수하게 마음을 표현하는 것이어야 한다.

또한 많은 병사들이 함께 있다면 다른 병사들을 배려하며 칭찬해야 한다. 한명에게만 칭찬할 일이 생길 경우, 그 병사 혼자 있을 때 칭찬을 하는 것이 좋다. 칭찬에서 제외된 병사들은 불필요한 열등감을 느끼게 되고 칭찬받은 병사는 불필요한 우월감을 느낄 수 있기 때문이다.

또 병사들 각각은 가지고 있는 능력과 특질이 다르다. 간부가 동일한 기준으로 칭찬하면 특정 병사에게 칭찬이 편중될 수가 있다. 따라서 각자의 장점과 개성을 긍정적으로 평가하여 칭찬하는 편이 좋다. 그렇다면 병사들은 간부들의 칭찬에 진심이 담겨있다고 느낄 수 있을 것이다.

칭찬을 하는데 걸리는 시간은 짧지만 병사가 느끼는 행복감은 평생을 갈 수도 있다. 사소한 행동이라도 칭찬하고 싶은 면이 보이면 바로 칭찬하고 격려하는 것이 좋다.

통계를 보면 우리들은 일생에서 평균 두 번 칭찬 받는 동안 98번의 비난을 듣는다고 한다. 그렇기 때문에 칭찬에는 인색하게 되고 잘못한 병사들을 기다리는 데는 더욱 인색해지게 되는 것이다. 오늘 자신이 했던 말들을 점검해보자. 부정과 비난의 말을 앞세우며 병사들을 몰아붙이지는 않았는지 뒤를 돌아볼 때이다.

▶ 병사들의 홀로서기

대한민국의 가족의 형태가 핵가족화가 되고 한 가정에서 양육되는 자녀들의 수가 줄어들면서 20대 청년이 되어서도 부모들의 품에서 벗어나지 못하는 청년들이 많아지고 있다. 이처럼 사회가 변함으로 인해서 우리의 병사들 또한 홀로 무언가를 만들어내고 도전하는 능력이 이전보다 현저히 저하되게 되었다. 이처럼 부모의 치마폭에서 양육된 아이들은 일반적인 환경에서 양육된 아이들에 비해서 자신감이 부족하고 자존감 또한 현저히 낮다. 그들은 타인의 지시를 따르는 팔로우십은 우수할지 모르나 자신의 의사를 표현하고 타인과의 관계를 맺는 데 있어 어려워하는 모습을 보여준다. 수동적이고 의존적인 태도가 입시경쟁에서는 우위를 차지하기 쉽고 부모의 걱정도 덜어줄 수는 있겠지만 청년들의 인생에서 그것이 도움이 되지는 않는다. 때문에 지나치게 헌신적인 부모 아래서 과보호를 받고 자란 아이들이 군에서 새로운 환경을 받아들일 수 있도록 간부들이 병사들의 도전을 도와주어야 한다.

▶ 간부로서 내면의 평화

간부들도 사람이기 때문에 자신의 감정 상태에 따라 병사들을 대하는 태도가 때에 따라 다를 수도 있다. 병사들이 잘못을 저질렀을 때 간부의 기분에 따라 처우가 달라질 수 있는 것이다. 누구나 이해할 수 있는 객관화된 기준이 아니라 간부 자신의 상황에 따라서 병력을 훈육하는 것은 병사들에게 혼란과 불안감을 느끼게 한다.

앞서도 기술했지만 간부 역시 완벽하지 않고 기분이 좋지 않을 때는 다른 때보다 수위가 높아질 수도 있고 감정이 실릴 수도 있다. 그런 점은 병사들도 간부들을 이해할 수 있다. 하지만 병사들을 대하는 태도가 너무 자주, 극단적으로 변하면 병사들은 언제 터질지 모르는 화산 밑에 있는 것과 같은 불안과 두려움을 경험한다. 어떤 일이 생길지 예측이 불가능하고 통제가 불가능하다고 느끼면 무기력해지고 자신을 통제할 힘도 잃어 충동적으로 행동하게 된다. 이런 간부 아래 훈육된 병사들은 내무생활에서도 여러 가지 문제행동을 일으키는 경우가 많다. 사회에 배출된 뒤에도 간부들의 옳지 않은 면을 답습하여 조직에 화합을 정면에서 부정하는 모습도 보인다.

모든 간부들이 병사들에게 잘 대해주기도 하지만 화를 내기도 한다. 하지만 간부가 감정에 휘둘리지 않고 안정적으로 병사들을 대한다면 병사는 간부가 화내더라도 자신이 잘못한 것을 인정하고 가르침을 수용할 수 있다. 간부가 화를 내더라도 결국에는 다시 원래 모습으로 돌아올 것이며 화를 내는 이유 또한 정당하다고 생각할 것이다. 그렇기 때문에 행동을 바꾸려는 노력을 한다.

하지만 일관성 없이 감정적으로 병사들을 대하면 간부가 언제 감정적으로 대할지 알 수가 없다. 간부에 대해서 양극화된 이미지를 가지게 되고 안정적인 간부상을 가질 수가 없는 것이다. 공교육의 마지막 단계인 군에서 혼란스러운 경험을 하게 된 병사들은 자신들의 자아상 또한 불안정해지게 되고 타인과의 관계에서도 양극화 현상을 보이게 된다.

정서적인 안정은 모두에게 세상을 행복하고 편안하게 살아가게 하는 원동력이다. 이러한 정서적 안정감은 가정에서 그리고 학교에서 마지막으로 군에서 구성원들과의 관계에서 자연스럽게 키워지는 것이 정상적이다. 그렇기 때문에 좋은 간부가 되기 위해서는 자신의 감정을 조절하는 법을 익혀야 한다. 간부가 감정을 잘 통제하는 모습을 보이면 병사도 자신의 감정을 조절하는 법을 배울 수 있다. 물론 그 과정이 쉽지는 않을 것이다. 하지만 그 감정의 원인을 알게 되고 그 감정의 원인이 무엇인지 생각해보게 된다면 감정을 조절하는 것도 충분히 가능하다.

군 생활을 하다 보면 병사들의 어이없는 모습에 하루에도 몇 번씩 화를 내는 간부들을 종종 볼 수 있다. 대부분 그런 간부들은 병사들과의 관계도 썩 좋지 않았던 것으로 기억한다. 간부가 감정적으로 대응하듯이 병사들 또한 그 간부를 감정적으로 바라보았기 때문이다. 자신의 감정에 휩싸여 병사들에게 상처 주는 말과 행동을 하게 되면 병사들은 간부들에게서 떨어지려고만 할 것이다. 간부로서 감정을 다스리고 내 마음대로 병사들을 통제하려는 생각을 내려놓는다면 분노의 감정 또한 줄어들게 될 것이다. 간부의 마음속에 내면의 평화가 먼저 선행되었을 때 병사들과의 관계 또한 평화로워질 수 있는 것이다.

자기감정을 알아차리고 솔직해지는 것을 어려워하는 간부들이 있다. 부정적인 감정은 좋지 않은 것이라는 학습을 받았기 때문이다. 하지만 감정을 표현하는 것이 나쁜 것이 아니라 감정을 부정적인 방법으로 표현하는 것이 나쁜 것이다. 자신의 내면에 폭풍이 몰아칠 때 그 파도를 타인에게 전가하지 않는 방법을 배울 수 있다면 병사들을 자신의 감정으로부터 지킬 수 있는 준비가 된 것이다. 흥분한 상태에서 병사들과 똑같이 감정적으로 대응하기보다는 내 감정부터 가라앉히고 병사들의 감정을 스스로 다스릴 수 있도록 도와주는 것이 필요하다. 사소한 잘못에도 화를 내게 되어서 나중에 미안한 마음과 죄책감에 스트레스를 받는 생활을 반복하고 있다면 내면의 화를 병사들에게 전가하고 있는 것이다.

▶ 사과할 수 있는 용기

병사들이 군에 입대해서 간부들에게 사과를 듣는 횟수가 몇 번이나 될까? 1년 반이 넘는 시간 동안 군에서 병사들이 생활을 하면서 그 횟수는 아마 손에 꼽을 수 있을 만큼 적을 것이다. 아마 병사들이 간부들에게 가장 듣기 어려운 말이 간부들이 병사들에게 사과하는 말일 것이다. 그렇다고 군 복무를 하는 간부들이 모든 면에서 완벽한 것은 물론 아니다. 특히 병사들과 살을 맞대고 같이 생활을 하는 초급간부들은 병사들과 마찬가지로 불완전하고 미숙한 존재이다.

간부들도 병사와 같이 때로는 실수를 할 때도 있고 잘못을 저지르기도 한다. 하지만 문제는 병사 앞에서 간부들은 통상 자신의 실수를 합리화하려고 하지 잘못을 인정하고 사과하지는 않는다는 것이다. 병사들에게 완벽하고 믿음직한 모습을 보이기를 원하기 때문에 실수를 인정하는 것이 곧 자신의 능력에 대한 허점을 보이는 것이라고 생각하기 때문이다.

사과하지 않는 방어적인 간부 아래서 훈육된 병사는 간부와의 관계에서 존중받지 못한다는 기분을 느낀다. 결국 병사들에게 믿음을 잃지 않기 위한 간부들의 행동이 병사들의 믿음을 실추시키고 있는 것이다. 이러한 상태가 지속되면 병사들의 내면에는 반발이 일어나고 스트레스가 쌓이게 된다. 결국에는 간부가 다가가려 해도 병사들이 간부들을 피하게 되는 것이다.

간부라고 해서 모든 것을 알고 있는 것은 아니고 실수를 하지 않는 것도 아니기 때문에 크든 작든 잘못을 하는 것이 당연하다. 간부들도 인간이기 때문이다. 실수할 수 있다는 것을 간부 스스로 받아들이는 것이 중요하다. 그러므로 실수했을 때 잘못을 인정하고 병사들을 독려하려는 태도가 간부들에게 필요하다.

간부들의 솔직한 사과를 받으면 병사들이 간부들을 무시하고 만만하게 대할 것이라는 걱정을 할 수도 있다. 하지만 실수를 인정하고 잘못을 인정하는 간부들의 모습을 본 병사들은 누구나 실수를 할 수 있고 그를 인정하는 것이 옳은 행동임을 배울 수 있다. 그리고 간부들의 잘못을 인정하는 솔직한 태도에 병사들은 알게 모르게 받아온 그간 입은 마음의 상처를 치유 받을 수 있다. 때문에 스스로 잘못을 인정하고 사과를 하는 간부는 병사들과의 관계에서 신뢰와 권위를 동시에 얻을 수 있는 것이다. 하지만 잘못을 인정하지 않고 별일 아니라는 듯 넘겨버리면 병사들 또한 자신의 실수를 인정하지 않고 넘기면 된다고 생각하게 될 것이고 나중에는 간부들 앞에서 자신이 잘못한 것을 인정하지 않게 될 것이다.

간부들의 진심 어린 사과 한마디로 병사는 간부들에게 서운했던 감정을 시원하게 털어버릴 수 있을 것이다. 병사들은 간부들이 사과해주기를 바라고 있다. 사과는 간부의 권위를 무너트리는 것이 아니라 오히려 간부와 병사 사이의 벽을 허물고 신뢰를 키우는 역할을 한다. 사과하는 방법을 아는 간부 밑에서 훈육된 병사들은 자신의 실수나 잘못을 솔직하게 인정하는 지혜를 가지게 되고 다른 사람의 억울함이나 곤경 등을 이해하는 공감능력을 가질 수 있다. 간부의 사과 여부에 따라 병사의 상처는 트라우마로 남을 수도, 흉터 없이 치유될 수도 있다.

병사들에게 사과를 할 때에는 진심을 담아서 직설적으로 표현하여야 한다. 사과를 하면서 자신의 행동을 공동의 선을 위한 행동이었다는 말로 정당화 하거나 간부의 잘못도 있었지만 병사들의 잘못이 더 먼저였다는 식의 발언을 해서는 안 된다. 그런 간부 아래서 병사들은 간부의 발언에 불만을 가지게 되고 당연히 간부들의 발언에서 진심을 느끼지 못한다. 그렇기 때문에 잘못을 했을 때에는 확실하게 사과를 해야 한다. 하지만 병사들은 어리고 감정적이기 때문에 사과를 때로는 받아들이지 못할 수도 있다. 그럴 때 화가 나고 용기 내서 사과한 노력이 수포로 돌아가는 느낌이 있을 수도 있겠지만 그럴수록 끈기를 가지고 노력하여야 한다.

사과를 한 뒤에 간부의 행동과 분위기가 이전과 달라지지 않는다면 병력들은 간부들의 사과를 진정성 있게 받아들이기 힘들다. 행동이 뒤따르지 않는 사과는 노력을 수포로 만드는 것은 물론이고 병사들에게 상처를 주게 된다. 제대로 된 사과는 병력과의 관계를 개선하고 서로를 이해하는 발판이 되지만 잘못된 사과는 유지되던 관계마저 끊어질 수 있다.

비록 간부가 병사들보다 계급도 높으며 간부로서 위신도 중요하지만 잘못을 했을 때는 용감하게 자신의 실수를 인정하고 용서를 구할 줄 알아야 한다. 병사들이 통제를 잘 따르지 않는다고 생각된다면 한 번쯤은 미안하다는 사과의 말을 전해보자. 간부의 진심 어린 사과의 말을 듣는 순간 병사의 마음속 응어리진 감정은 없어지고 간부와 병사 간의 관계는 더욱 돈독해질 것이다.

▶ 강력한 전투력의 근간은 전우애

근래 많은 기업의 슬로건을 보면 '가족과 같은 회사를 만들자!'라는 슬로건을 심심치 않게 볼 수 있다. 그 이유는 간단하다. 상사와 부하 간의 관계가 조직의 성과에 직접적인 영향을 주기 때문이다. 관료제를 지양하던 과거의 회사 구조에서 벗어나 상사와 직원 사이의 벽을 허물고 서로의 의사를 자유로이 교환하고 획기적 아이디어를 공유하기 위해서 많은 기업들이 노력하고 있다. 그러한 조직을 만들기 위한 노력의 일환으로 기업의 상사들은 직원들과의 관계를 과업 중심이 아닌 관계중심 적으로 형성하기 위하여 노력하고 있다. 상사들과 과업 중심으로 관계를 맺기보다 관계중심 적으로 관계를 맺은 부하직원들이 조직성과에 대한 몰입에 더욱 집중하기 때문이다. 결과적으로 조직 전체의 생산성이 증가하게 됨은 설명하지 않아도 당연한 것이다.

군의 궁극적인 목적은 적보다 강력한 전투력으로 국민의 생명과 재산을 지키는 것이다. 그리고 그러한 목적을 달성하기 위해서 구성원의 자발적인 희생정신이 필수불가결하게 필요한 것이 현실이다. 군에서 구성원들이 자신의 직무에 몰입하게하고 나아가 국가와 국민을 위해 생명보다 임무를 우선할 수 있는 기반을 다지는 것이 군의 조직성과에 직결되는 문제라고 할 수 있다. 그렇기에 일반 사회의 기업보다 군에서 상사와 부하와의 관계의 질이 더욱 중요하다고 이야기할 수 있다. 결국 군인으로서 그리고 간부로서 구성원의 잠재력을 끌어내는 것에는 훈련을 통해서 직무에 대한 전문성을 강화시키는 것뿐만이 아닌 병력들이 임무달성을 위해 언제든 목숨을 버릴 수 있는 자발성을 갖추도록 하는 것 또한 포함이 되어 있는 것이다. 많은 전사에서도 배울 수 있듯이 그 열쇠는 병력들 간의 전우애 속에 있다. 그리고 그 전우애의 중심에는 간부들의 리더십이 핵심에 있다.

군에서는 상사와 부하 간의 관계에 대한 통제력이 상사에게 더 많이 집중되어 있는 것이 대부분이다. 그렇기 때문에 군에서의 상사와 부하의 관계의 주도권은 상사가 쥐고 있다. 간부가 병사의 주적이 될 것이냐 아니면 파트너가 될 것인가의 열쇠는 간부의 손에 있는 것이다. 하나의 부대가 전우애로 뭉칠 것인지 아니면 각개전투를 하듯이 흩어질 것인지는 아주 미묘한 차이이다. 하지만 그 차이는 분명히 있다. 때문에 지금부터는 올바른 방식으로 부대를 하나로 만드는 절차를 소개하겠다.

첫 단계는 바로 외집단 성원을 최소화시키고 그들을 내집단 성원으로 만드는 일이다. 보통의 조직에서는 상사와 관계가 좋은 구성원(내집단 성원)과 관계가 좋지 않은 구성원(외집단 성원)으로 구별되게 되는데 이는 군에서도 마찬가지이다. 내집단 성원과 외집단 성원은 고정되어 있지 않다. 집단의 리더가 바뀌면 충분히 바뀔 수 있는 가변적인 요인인 것이다. 통상 내집단 성원은 상사에게 접근하기 용이한 반면 외집단 성원은 그렇지 않은 경우가 대부분이다. 내집단 성원에게는 상호영향력의 기회가 많이 주어져 상사에게 협력적이 됨으로써 상사로서 높은 신뢰와 지원, 공식적·비공식적인 보상을 받고, 부가적인 업무를 수행할 수가 있다. 하지만 외집단 성원에게는 그렇지 못하기 때문에 상사는 낮은 신뢰와 지원, 낮은 보상, 일상적이고 공식적인 권한을 행사하는 경향이 많다. 대부분 조직이 이러한 외집단 성원에게 상사의 관심이 집중될 수 있도록 노력을 경주하는데 현재 군에서 시행되고 있는 관심병사 제도가 군에서는 그러한 역할을 한다고 볼 수 있다. 상사와 관계가 좋지 않은 외집단 성원에게 관심을 주어 내집단 성원으로 만들거나 상사의 관심이 지속적으로 향할 수 있도록 하는 제도는 조직의 입장에서 필수 불가결한 제도인 것이다. 이처럼 최대한의 병력이 내집단 성원이 될 수 있도록 리더는 끊임없이 관심을 경주하여야 한다. 그리고 그와 동시에 리더는 집단 구성원 개개인이 리더의 어떤 행동을 편하게 생각하는지 그리고 리더 자신이 어떤 행동을 편하게 느끼는지에 대해서 구성원들이 알 수 있도록 여러 방법을 동원하여 알려주어야 한다.

두 번째 단계는 많은 훈련을 통해서 서로의 역할을 보다 정교하고 세련되게 만드는데 열중하는 것이다. 우리가 부대원들과 함께 전술훈련을 통하여 각자의 역할에서 모의전투를 수행하는 절차가 바로 두 번째 단계이다.

세 번째 단계는 리더와 구성원 모두가 서로의 동반자가 되는 단계이다. 이 단계에서는 리더가 각각의 구성원과 1:1의 동반자 관계에서 어떻게 수행해 가느냐가 핵심이다. 구성원들 간 차별적인 관계를 형성하는 것이 아닌 리더와 구성원 모두에게 도움을 줄 수 있는 관계구축을 하는 것이다. 이 단계에서 유능한 리더라면 모든 구성원이 리더와의 관계의 질이 높은 상태로 유지될 수 있는 기회를 창출하여야 하며 보상이 모든 구성원들이 납득할 수 있는 방식으로 분배되어야 한다. 이런 관점에서 볼 때 리더는 구성원 개개인을 차별적이 아닌 긍정적인 시각에서 보아야 한다. 여기에서 긍정적인 관계는 다양한 형태일 수 있다. 예를 들면 구성원의 선호수준에 따라 어떤 구성원은 자신의 리더가 다정다감하게 다가오길 바라고 어떤 구성원은 권위적으로 다가가길 바랄수도 있는 것이다.

결국 구성원들은 서로 독립적이거나 개별적으로 존재한다. 그러므로 한 명의 리더는 한 명의 구성원에 대해 다른 구성원들과의 관계와는 전혀 다른 별개의 관계를 형성해야 하는 것이다. 리더가 1:1의 긍정적인 관계에서 구성원들을 대하는 경우 구성원들의 성과와 생산성은 향상될 것이다. 이 단계까지 왔다면 조직은 리더를 중심으로 하나의 몸처럼 움직일 수 있어야 한다.

마지막 단계로 하나가 된 조직이 리더나 상급자의 의도대로 움직일 수 있도록 리더가 각 구성원이 자신과 상호작용하듯 상급자와 상호작용 하는 것이다. 하나의 조직이 하나의 블록이 되어 군이라는 거대한 성이 만들어지는 것이다. 부실한 조직이 많으면 많을수록 성이 무너지기는 쉽다. 하지만 반대로 하나하나의 조직이 제 구실을 한다면 군이라는 성은 쉽게 무너지지 않을 것이다.

우리나라의 국군은 구성원이 60만 명인 작은 사회이다. 1953년 휴전 이후 전쟁을 준비해온 대한민국에서 군만큼 크고 또한 그 역할이 중대한 집단은 없을 것이다. 북으로는 북한이 국민의 생명과 재산을 위협하고 있고 동북아시아의 열강들의 패권주의가 팽배해 있는 지금, 우리 군의 위기는 곧 대한민국의 위기를 의미한다. 우리가 우리의 임무를 다하기 위해서 무엇보다 선결되어야 하는 것은 우리가 전우애로 하나 되는 것이다.

2. 병력들의 반항기

앞서도 여러 번 언급했지만 입대를 한 이후 병사들은 자신이 지금까지 경험하지 못한 극적인 환경의 변화를 군에서 겪게 된다. 그래서 많은 병사들이 청소년기의 사춘기와 같은 엉뚱한 행동을 종종 하는 경우가 있다. 하지만 행동의 결과가 아니라 원인에 주목하게 된다면 그들의 행동이 반항적으로 보이는 이유가 있다는 것을 알 수 있다. 본격적인 내용을 기술하기 전에 병사의 반항기에 대한 나의 경험담을 먼저 이야기하도록 하겠다.

지금은 전역하여 사회의 역군으로 활약하고 있는 예비역 강 병장과 나의 이야기이다. 강 병장의 반항기는 일병으로 진급할 무렵 찾아왔다. 당시 나는 소위로서 부대의 업무를 따라가기에도 벅찬 상황이었다. 사실 나는 강 일병(당시 계급)이 어딘가 모르게 이상해졌다는 것을 알고 있었다. 소대 결산할 때도 소대장과 눈을 안 마주친다든지, 피식피식 웃는다든지, 뜀걸음 할 때 평소의 큰 목소리는 없어지고 귀찮은 듯한 태도를 보인다든지 등의 행동을 관찰할 수 있었다. 당시 '나는 저게 원래 강 일병의 성격이구나' 라고 생각을 했었다. 간혹 P.X에서 나를 비롯한 중대장과 다른 간부들 욕을 하는 것을 알고 있었지만 나름대로 군 생활의 스트레스를 풀고 있는 것이라고 생각했고 그에 대한 제재는 하지 않았다. 그러던 어느 날 우연히 강 일병의 관물대에 있던 노트를 펼쳐 읽게 되었다. 노트에는 욕설이 난무했고 군뿐만이 아니고 자신을 둘러싼 모든 것에 대한 분노가 고스란히 표현되어 있었다. 강 일병은 내가 관심을 갖지 못한 사이에 이미 마음속에 악마를 키우고 있었던 것이다. 무턱대고 면담을 했다가는 안 될 것 같은 마음에 종일 고민을 했다. 궁극적으로 내가 소대장으로서 하는 일이 병사들이 임무 수행을 잘할 수 있도록 도와주는 일인데, 정작 내 소대원의 마음이 이렇게 고통스러운 것은 몰랐던 것이다. 강 일병에게 너무 미안했다.

강 일병이 전입 왔을 때 우리 소대는 전체적으로 상병·병장이 많이 있었다. 주로 업무도 상병·병장들과 함께 진행하고 P.X에 같이 가는 것도 상병·병장들과 함께 가다 보니 강 일병을 비롯한 후임들에게는 상대적으로 신경을 많이 쓰지 못한 것이다. 소대장과 간부들의 사랑과 관심이 부족하다고 느낀 강 일병은 억압된 분노를 노트에 마구 쏟아부은 것이다.

다행히 감정이 폭발하기 전에 위기를 감지한 나는 편지로 내 마음을 표현하기 위해 노력했다. 첫 번째, 두 번째 편지는 쓰레기통에서 발견했지만 다음 편지부터는 강 일병의 관물대에서 발견할 수 있었다. 사실 강 일병의 태도는 생각보다 쉽게 변하지는 않았다. 강 일병이 상병으로 진급하고 후임병들을 선도하는 계급이 되었을 때가 되어서야 강 상병의 반항기는 점차 수그러들었다. 격심한 성장의 통증을 겪은 강 상병과 나는 둘 모두 한층 성숙해진 모습으로 다시 태어났다. 이제는 그때의 일을 나의 예하 소대원들에게 웃으면서 이야기할 수 있지만, 당시 홀로 괴로워했을 강병장의 마음을 생각하면 지금도 미안하고 죄스러운 마음뿐이다.

병사 혹은 초급간부들이 갓 전입 오고 업무에 적응하고 부대에 적응하는 시기는 그들에게 변화와 혼란, 불균형의 시기이다. 자신이 생활하던 환경과는 완전히 판이한 환경과 넘쳐나는 선배들의 눈초리 앞에 혼나지 않고 하루를 버티기 쉽지 않은 것이 현실이다. 특히 아직 자기조절 능력이 미숙한 그들은 과도한 충동이 힘겹고 스트레스에 취약하다. 인지능력과 신체는 이미 성인이나 정서적으로는 아직 성인이 되기에는 먼 것이 사실이다. 그렇기 때문에 불안과 혼란 속에서 자신을 둘러싼 모든 것과 충돌함은 물론이고 내면의 자신과도 치열하게 싸우며 정체성을 찾기 위해 방황하는 것이다.

이런 병사들과 초급간부의 방황을 곁에서 지켜보는 중견간부들 역시 힘들고 혼란스럽기는 마찬가지이다. 그들과 소통하고 싶고 도움을 주고도 싶으나 어디서부터 접근해야 할지 조심스럽다. 예전에 통하던 훈육법은 그들을 미꾸라지로 변하게 할 뿐이다. 꾸짖고 야단치면 반항이 돌아오고, 내버려두자니 그들이 혹시라도 엇나갈까 두렵다.

그러나 복잡하기만한 그들의 반항기에도 해법은 분명히 있다. 우리도 지나온 시기들을 돌아보고, 다른 부대와 병사들이 겪고 있는 반항기를 살펴보면 좌충우돌하는 병사들의 행동에도 이유가 있다는 것을 알 수 있다. 간부들에게 필요한 것은 병사들의 변화를 따라가기 위한 그들의 문화를 이해하는 노력과 사랑이다. 병사들이 마주한 새로운 환경을 알고, 심리적인 문제들을 이해하면 지금 병사들에게 무엇이 필요한지도 알 수 있을 것이다.

사실 병사들이 방황하는 것처럼 보이는 이 시기는 그들에게 매우 특별한 시기이다. 그들이 조직의 구성원으로서 제 구실을 다하기 위해 겪어야 하는 적응기이며, 병사들이 그 시기에 해야 할 일을 해내기 위해 반드시 필요한 과정일 뿐이다.

누구나 군 생활을 하다 보면 위기와 갈등이 있고 시련을 겪게 마련이다. 간부들 역시 자신의 군 생활을 돌아본다면, 긴 인고의 시간을 거쳐서 지금의 자신이 있음을 알 수 있을 것이다. 지금 반항기를 군에서 겪고 있는 그들도 암흑의 시기를 견뎌야 밝은 빛을 맞이할 수 있다. 죽을 만큼 힘든 시기를 잘 견딘 그들은 타인을 이해하고 배려하고 사랑하는 마음을 가질 수 있다. 암흑의 시기를 지나는 동안 정서적으로 그들은 우리가 생각하는 것 이상으로 성장하게 된다. 그들에게 반항기란 성장의 다음 단계로 나아가기 위해 반드시 겪어야 하는 과정이다. 오히려 방황해야 할 시기에 방황하는 것을 다행으로 여겨야 한다. 그렇지 않으면 엉뚱한 시기에 방황하느라 인생의 귀한 시간을 낭비할 것이기 때문이다. 군에서 그들이 시행착오를 겪으면 겪을수록 그들이 사회에서 자신의 재능에 헌신할 수 있는 시간을 그만큼 줄 수 있다. 그들이 그들의 재능에 온전히 헌신할 수 있도록 도와주는 것 또한 우리 간부들의 역할이다.

임관한 이후 부대에서 병사들을 만나고, 초급간부들을 만나면서 무수한 유형들의 반항기를 지켜보았다. 반항기를 유독 힘들게 지내는 이가 있는가 하면 비교적 무난하게 넘기는 이도 있었다. 저마다의 기질과 성격에 따라 반항기를 받아들이는 것도 서로 달랐다. 하지만 힘든 반항기를 무사히 넘긴 병사들은 한층 성숙해지고 여유로워진다. 시간이 흐르면 넘치는 에너지의 발산도 서서히 줄어들고 세상이라는 무대에서 자신의 역할에 맞게 자신을 조절할 줄 알게 된다. 군 생활 동안 말썽을 피우며 소대장의 속을 태웠던 병사들도 전역 후에는 관심병사라는 시선에서 벗어나 늠름한 모습으로 사회의 구성원이 되는 것이다.

누구에게나 군 생활은 어렵다. 특히 초반이라면 더욱 어렵다. 반항기 시절 병사들은 마음의 구조 전체가 흔들리는 내면의 지진을 경험한다. 흔들리는 것만 생각하면 위기일 수도 있다. 하지만 마음의 구조를 재정립하고 다듬는 시간이라는 점에서는 또 다른 기회이다. 반항기에 병사들은 자신을 이해하고 자아 정체감을 확립한다. 미래에 자기 자신이 무엇을 할 수 있는지 고민하고 탐색하며, 타인에게 의지하지 않고 스스로 의사 결정을 할 수 있는 가치관과 자신감을 형성한다.

반항기에 간부는 병사들이 다양한 충동을 수용하고 조절하는 연습을 할 수 있도록 지켜 보고, 불안이나 혼란에 지지 않도록 심리적 지지대 역할을 해주어야 한다. 진지하게 소통하기 위한 간부들의 노력과 애정에 기반한 신뢰가 있다면 위기의 반항기도 병사들에게는 행복한 성장의 시간이 될 수 있다.

병사들은 군에 있는 동안 다양한 변화를 겪을 것이다. 쉽고 즐겁지만은 않은, 때로는 힘든 과정 속에서 차근차근 세상에 적응하며 자신만의 삶을 만들어 나간다. 그 과정에서 간부들의 사랑과 지지는 병사들이 계속 도전하고 성장할 수 있는 동력이 되어줄 것이다. 병력관리에 정답은 없다지만, 병사들을 이해하고 더 잘 사랑하기 위해 노력하는 마음만 있다면 좋은 간부가 되기란 어렵지 않다.

▶ 병사들이 충동적인 이유

술을 먹고 지휘관 차량을 운전하여 탈영을 한다던가, 전술훈련을 참지 못하고 훈련 도중 군무이탈을 하는 병사들을 보면 '얼마나 병사들이 충동적인가?'에 대해서 고민할 필요가 있음을 알 수 있다.

사실 20대 초반의 병사들이 충동적인 행동의 결말을 알면서도 행하는 이유를 뇌과학적인 관점에서 바라본다면 쉽게 이해할 수 있다. 20대 초반의 병사들은 30대나 40대의 간부들과는 다른 방식으로 세상을 바라보게 되는데 그 이유는 그들의 뇌가 다양한 정보를 받아들이고 처리할 수 있도록 성장하고 있기 때문이다. 정신적인 측면에서, 어른이 된다는 것은 충동을 자제할 줄 알고 미래를 계획하며 자기 행동에 대해 책임지는 능력을 획득한다는 것을 의미하는데 이는 우리 뇌에 있는 전두엽이 성숙 되어야 가능하다. 전두엽이란 뇌의 가장 앞쪽에 자리 잡은 부위로, 어떤 일을 하기 전에 먼저 생각하고 합리적으로 판단하는 기능을 한다. 바로 우리가 전형적인 인간으로서 살 수 있게 해주는 부위인 것이다.

전두엽은 10대가 되어서 발달하기 시작하는데 20대 후반이 되어야 전두엽이 완전히 성숙할 수가 있다. 결국 그 전까지는 계획, 조절, 판단의 기능이 온전하지 못한 것이다. 그러므로 20대 초반의 병사들이 의사결정이 미숙하고 상황판단을 제대로 하지 못하는 것은 발달학적으로 당연한 것이다. 특히 미리 결과를 예측해서 합리적으로 결정하고 계획대로 행동하는 것은 20대 초반인 병사들에게는 매우 어려운 과제인 것이다.

20대 초반의 인간은 전두엽이 미숙한 대신, 감정 중추인 뇌간과 대뇌변연계의 지배를 받는다. 뇌간은 원시 뇌라고도 불리는데 원시시대부터 스스로를 보호하기 위해 발달된 부분이다. 대뇌변연계에 존재하는 편도체는 소리와 냄새, 이미지와 같은 정보를 분석하여 주위의 위험을 알아차리고, 공포와 분노 등 즉각적인 행동을 일으키는 감정을 촉발시켜 위험을 조기에 경고하고 그 위협에 우리가 반응할 수 있도록 도와주는 역할을 한다.

이성적이고 합리적인 전두엽이 발달되지 못한 20대 초반 인간의 뇌에서는 전두엽 대신 편도체가 활성화되게 된다. 편도체가 활성화되게 되면 인간은 공격적이고 감정적으로 변하게 된다. 뇌의 감정 영역을 사용해서 상황을 해석하기 때문에 타인의 말도 쉽게 오해하게 된다. 중대장이 "사단장님이 오시니 티비는 그만 보고 청소도 좀 해라!"라고 말을 병사들에게 건네는 것은 '사단장님'과 '청소'라는 메시지가 전달되기를 바라는 것이다. 그러나 병사들은 중대장이 자신의 잘못을 지적하고 공격한다는 이미지를 편도체의 활성으로 받아들이게 된다. 그렇게 곤두선 그들의 감정은 '중대장은 우리가 가만히 있는 꼴을 못 본다니까! 제기랄 제발 우리한테 신경을 좀 껐으면 좋겠어!'라는 생각을 가지게 하는 것이다.

편도체의 이러한 특성으로 인해 20대 초반의 혈기왕성한 우리의 병사들은 질풍노도의 감정을 경험한다. 때문에 30대와 40대의 간부들은 20대 때의 자신을 뒤돌아보기 보다는 미친년 널뛰기하듯 요동치는 병사들의 감정의 기복 앞에 화를 내게 되는 것이다.

또한 20대 초반의 병사들은 타인의 감정을 잘 구분하지 못하는데 전두엽이 완전히 발달한 어른들은 사람의 표정을 읽을 때 이성적인 뇌인 전두엽을 사용하는 반면 앞서와 같이 20대 초반의 병사들은 원초적인 감정의 뇌인 편도체를 사용하기 때문이다.

대다수 병사들의 과격하고 이해하기 어려운 여러 가지 행동 역시 대뇌변연계와 편도체의 특성에 기인한다. 대뇌변연계는 충동이나 분노, 공포와 같은 강력한 감정을 담당하고, 편도체는 앞서 설명했듯이 우리가 위험에 봉착했을 때 본능적으로 반응해서 위기에서 탈출하도록 우리를 돕는다. 인간의 본능 중에 가장 강력한 본능이 편도체가 관여하는 생존의 본능이다. 편도체는 이 생존 본능을 바탕으로 우리의 생명을 위협하는 것을 기억해 두었다가 그 순간을 모면하도록 해준다. 우리가 위험한 상황에 처하면 고등 뇌는 잠시 멈추고 편도체가 활성화된다. 예를 들면 어린 아기라도 맹수를 만났을 때 순간적으로 도망가야 한다는 것을 느끼는 것처럼 말이다. 이것은 원시 뇌와 감정 뇌인 편도체가 한 일이다.

이러한 편도체가 판단을 주도하는 20대 초반의 병사들의 뇌는 쉽게 자극받고 과잉반응을 하기 때문에 심각한 경우 병사들이 최악의 선택을 하도록 유도하기도 한다. 내무 생활 중에 동기가 농담한 것을 자신을 비웃는다고 오해해서 상호 간 폭력으로 이어지거나, 타 중대원과 어깨를 스쳤을 뿐인데 눈빛이 마음에 들지 않는다며 시비를 붙는 것 역시 뇌의 미숙한 발달의 영향이 크다.

병력들이 돌발행동을 벌이고 감정을 조절하지 못하는 것은 그들의 성품이 비뚤어졌거나 그들의 태생에 잠재되어있는 반항심 때문이 아니다. 몸은 큰 것처럼 보이지만 그들은 아직 발달의 도중에 있는 것이다. 시간이 지나고 전두엽이 완전히 성숙되면 우리가 진정으로 원하는 성인처럼 생각하고 행동할 수 있다. 쉽게 말하자면 철이 드는 것이다. 그러니까 예비군이 끝나고 대학을 졸업하는 시기가 우리가 진정으로 생각하는 성인이 되는 시기인 것이다. 쉽게 말하면 철이 드는 것이다. 사회의 모든 구성원은 이를 이해하고 편안한 마음으로 기다릴 필요가 있다. 특히 군 간부인 우리는 더더욱 그렇다. 성인의 잣대로 아직 성인이 되지 못한 병사들을 꾸짖을수록 그들과의 관계는 더욱 멀어질 뿐이다.

성장 도중의 뇌는 엄청난 가능성을 가지고 있지만, 그만큼 불안정하고 환경에 취약하다. 사춘기가 지나고 다소 안정된 것처럼 보이던 병사들이 다시금 질풍노도의 시기에 빠지게 되는 것은 환경의 변화가 하나의 큰 변인으로 작용하기 때문이다. 청소년기와 성인 초기에 이르기까지 우리의 뇌에서는 신경망의 가지치기가 일어나, 자주 사용하는 신경망은 발달하고 쓰이지 않는 신경망은 사라지는 과정이 지속된다. 예를 들어 이 시기에 게임만 하고 다른 신경망을 거의 쓰지 않았다면 게임에 사용한 신경망인 과몰입 관련 신경망을 제외하고 다른 신경망은 거의 발달하지 않게 된다. 다시 말해 20대 초반의 병사들의 뇌는 엄청난 양의 정보를 받아들일 수 있는 시기인 동시에 많은 것을 잃어버리기도 하는 시기인 것이다. 따라서 병사들이 군에서 어떠한 환경으로 생활하는지는 그들의 인생에 매우 중요한 의미를 갖는다. 무엇을 생각하고 느끼느냐에 따라 많은 청년들의 뇌가 새롭게 창조될 수 있는 것이다. 우리나라가 구글과 페이스북 같은 독창적인 창의력을 발휘하지 못하는 이유 또한 창의적이고 혁신적인 생각을 할 수 있도록 하지 못하는 사회구조가 큰 걸림돌로 작용하기 때문이다.

그러므로 군의 간부들은 병사들이 신체적, 지적, 정신적으로 다양한 체험을 할 수 있도록 도와주어야 한다. 같은 각개전투를 하더라도 새로운 환경을 제공하여주고 병사들에게 생각할 수 있는 여건을 조성해 주어야 하는 것이다.

또한 큰 변화를 겪고 있는 시기이기 때문에 병사들은 자주 피곤하다. 병사들이 잠을 자고 또 자도 피곤한 것은 당연한 것이다. 때문에 병사들이 건강하게 지내게 하기 위해서는 병사들의 뇌를 충분히 쉬게 해주는 것이 무척 중요하다. 병사들이 소위 멍 때리거나 연병장을 홀로 걷는 것은 그들이 생각이 없고 문제가 있는 것이 아니라 변화하는 그들에게 있어 필수불가결한 과정인 것이다.

우리 간부들이 병사들의 뇌에서 일어나는 변화에 대해 미리 알고 친숙해질수록 병사들이 자신의 변화를 편하게 받아들일 수 있다. 준비된 간부가 안정된 선생의 역할을 해줄 때, 우리의 병사들은 발달의 과정을 자연스럽게 넘기고 건강한 성인으로 성장할 수 있을 것이다.

▶ 독립과 의존 사이에서의 줄타기

세상의 모든 중대장이 그러하겠지만 나 역시 백 명이 넘는 아들을 데리고 있는 아버지와 같다. 병사들을 사랑하는 마음은 굴뚝같지만 한 명에게 다가가는 것은 동시에 나머지 병사들과 멀어지는 것이기 때문에 모든 중대장은 병사들을 관찰할 수 있는 적절한 거리에서 병사들에게 사랑을 주기 위해서 많은 노력을 한다. 그런데 이러한 딜레마는 중대장과 일부 간부들만 겪는 것이 아니고 우리의 병사들도 겪고 있다. 간부들만 힘들다고 짜증 낼 문제가 아닌 것이다.

태어난 지 얼마 안 된 아기는 부모에게서 조금만 떨어져도 불안해하며 울음을 터트리지만, 유아기에 접어들면 조금씩 부모로부터 분리되어 개별적인 존재로 자신을 만들어 간다. 이를 분리 개별화라고 하는데 특히 고등학교를 졸업하고 가족의 품에서 분리되는 우리의 청년들은 정신분석학자 피터 블로스가 이야기 하였듯이 두 번째 분리 개별화를 겪고 있는 것이다. 더 이상 부모에게 의지하거나 부모를 자신과 동일시하지 않는 것이다. 우리의 병사들은 이 시기의 연장선을 걸어가고 있는 것이다.

병사들은 군 내부에서 독립과 의존 사이에서 내면의 갈등을 느끼기 시작한다. 병사들은 상급자 없이도 잘할 수 있다는 자신의 가치를 보여주고 싶어 하고, 한편으로는 상급자에게 멀어지면 책임지지 못할 상황이 발생할까 봐 두려워한다. 간부들과 친하게 지내야 하지만 눈치를 봐야 하는 게임의 앞에 서게 된 것이다.

병사들은 간부들과 거리를 의도적으로 두면서 받는 스트레스와 죄책감을 자신과 같은 처지인 병사들과 어울리는 것으로 해소하려 한다. 병사들은 병사들과 함께 어울리며 점점 더 간부의 통제에서 멀어지기 위해 노력한다. 통제에서 벗어나기 시작한 병사들을 통제하고자 하는 간부는 불안하고 조급한 마음에서 병사들을 자신의 방향으로 끌어당기기 위해 노력한다. 하지만 사실 또래 병사들과의 교제는 병사들 스스로가 완수하여야 하는 발달과업 중 하나다. 그들과 함께 군 생활이라는 산을 같이 넘어가면서 그들의 내면은 한층 더 성장하는 것이다. 그렇기 때문에 간부들 역시 병사들과 적절한 거리를 두어야 한다. 방관하거나 관심을 두지 않아야 한다는 이야기가 아니다. 병사들에게 개입하고 간섭하는 것을 자제하고, 적당한 거리를 유지하면서 지켜봐야 한다는 뜻이다. 누군가에게서 독립하려는 욕구와 의존하려는 욕구가 공존하는 병사들은 의존이냐, 독립이냐 라는 갈등을 반복하면서 성인이 되기 위한 준비를 하고 있기 때문이다. 간부들은 군이라는 울타리를 융통성 있게 조절하는 지혜를 발휘해야 한다.

쇼펜하우어의 '고슴도치 딜레마'는 유명한 우화이다. 어느 겨울날 고슴도치 형제는 서로를 껴안아 그 체온으로 추위를 이겨내려 했다. 하지만 서로 가까이 다가가려 하자 가시에 찔려서 고통을 느껴야 했다. 형제는 여러 번의 실패 끝에 추위도 녹일 수 있고 상처도 입지 않을 적당한 거리를 찾고서 그 거리를 유지하면서 겨울의 추위를 이겨낼 수 있었다. 간부와 병사 사이도 마찬가지이다. 정서적으로 너무 멀리 떨어져 있으면 병사는 간부의 사랑을 느끼지 못한다. 반대로 지나치게 밀착되면 간부의 관심이 집착과 구속으로 작용한다. 간부는 자녀가 독립성을 가질 수 있도록 자유와 통제 사이에서 적절한 균형을 유지해야 한다. 상호간의 존중의 거리를 확보하게 되었을 때 병사들의 성장이라는 열매를 얻을 수 있을 것이다.

▶ 병사들의 개인적 특성에 대해서

도움 배려병사들을 지휘하는 간부들에게 해당 병사에 대해서 물어보면 병사의 성격이 다른 아이들과 맞지 않는다고 하는 간부들이 많다. 고치려고 노력했다고도 이야기하는 것을 보면 간부들은 해당 병력들의 성격이 군 생활을 하기에 적절하지 못한 것이라고 생각하고 있다는 의도를 읽을 수 있다. 하지만 간부들의 생각과는 다르게 사람마다 특질이 있을 뿐이지 좋은 성격과 나쁜 성격은 존재하지 않는다. 좋은 성격과 나쁜 성격은 상대적이어서 상황에 따라 얼마든지 달라지기 때문이다.

인간은 서로 다른 기질적 특성을 가지고 태어난다. 각각의 특질은 서로 다를 뿐 좋고 나쁘다는 잣대로 비교할 수 없는 것이다. 해당 병사의 성격을 바꾸고 싶어 하는 간부들의 심리 이면에는 해당 병사에 대한 부정적인 평가가 숨어있는 것이다. 병사들의 모습을 고쳐야 할 나쁜 점이라고 본 것이다. 이런 시선을 받은 병사들은 성격뿐 아니라 자신 자체가 부정적인 존재라고 느끼고 자존감을 잃을 가능성이 농후하다. 평소 이상하다고 생각했던 병사들의 발언과 행동이 정말 고쳐야 할 문제점에서 비롯된 것인지, 혹시 각개 병사의 고유한 특성을 단점으로 보고 있는 건 아닌지 생각해 보아야 한다.

특히 병사들뿐만 아니라 간부들도 서로 다른 기질을 가지고 있다는 것을 인식해야 한다. 간부의 기질이 각개 병사와 많이 다르면 갈등의 소지도 커지고 서로 이해하기도 어렵다. 서로 다름을 인식하는 것이 병사들을 바로 이해하는 출발점이 될 수 있다.

병사들과 내무 생활을 할 때도 이는 정확히 적용된다. 병사들의 세계를 존중해야 하고 병사들이 간부의 이야기를 잘 못 알아들을 때에도 차근차근 논리적으로 설명해야 한다. 병사들의 말이나 행동이 차갑게 느껴져도 표현하는 방식이 다른 것이라고 여기고 화내지 않아야 하는 것 또한 병사들에게 바르게 다가가는 올바른 태도이다.

내향성과 외향성은 사람들의 기질을 구분하는 대표적인 기준이다. 흔히 외향적이라야 사회생활을 잘 한다고 여기고 내향적인 성격을 고치려 하는데, 이 역시 기질에 대한 오해에서 비롯한 것이다. 내향성과 외향성은 타고나는 것으로 쉽게 바뀌지 않으며, 각각 장점과 단점이 다르다. 정신분석가 마틴 레이니는 내향성은 깊이 있게 정보를 처리하고, 창의적이고 자기 성찰적이며 융통성 있고 책임감 있는 성격이라 규정했다. 외향적인 사람의 눈에는 내성적인 사람들이 사회성이 없고 답답하게 느껴질 수도 있지만, 내향적인 병사들은 깊이 몰입하고 자기일에 열중하는 집중력이 외향적인 병사들보다 뛰어나다. 간부에게 필요한 것은 병사들의 성향을 바꾸려는 노력이 아니라 각각의 특성을 이해하고 존중하는 것이다.

병사들의 기질과 성향을 이해하고 나면 그에 맞는 환경을 제공해 주는 것이 바람직한 간부의 역할이다. 병사들의 특질에 따라 훈육방침을 바꾸는 유연성 또한 간부에게 필요한 태도이다. 병사들을 '남보다 뛰어나게'가 아니라 '남과 다르게' 훈육해야 하는 것이다. 내 병사가 전형적인 대한민국 국민이 되기를 바라는 것은 그들을 도태의 늪으로 빠져들게 하는 것이다. 병사들을 숨죽여 지내게 하면서 간부의 시선에 병사들을 맞추기 보다는 뚜렷한 재능과 개성을 가진, 이 세상에 단 하나뿐인 인격체로 병사들을 성장시키는 것은 간부인 우리의 의무이다.

정신과의 세계적인 권위자인 스탠리 그린스펀 교수는 "특질과 교육은 서로 영향을 주고받는다"라고 이야기한다. 많은 과학자들은 청년기의 경험이 뇌의 구조를 바꿀 수 있다고 믿는다. 특질은 유전적인 영향이 크지만 같은 특질이라도 개인의 경험이나 훈육의 방식에 따라 긍정적인 방향으로 발휘될 수도 있고 부정적인 방향으로 발휘될 수 있는 것이기 때문이다.

우리가 주목해야 할 점은 간부가 병사들의 특질을 잘 파악하고 그대로 받아들여 줄 때 오히려 병사들은 특질에 지배되지 않고 긍정적인 방향으로 특질을 다듬어나갈 수 있다는 것이다. 특질에 따라 편안해 하는 행동양식이 있다. 수줍음이 많고 신중한 병사들에게는 무엇을 하기 전에 생각하고 준비할 시간을 주어야 하고, 외향적이고 적극적인 병사들에게는 다양하고 활발한 활동을 할 기회가 필요하다. 간부가 이러한 병사들의 특성을 이해하고 기회를 부여한다면 그들은 안정적으로 성장할수 있다.

상담심리전문가인 김은희 수녀는 이렇게 말한다. "성격에 관한 이야기를 할 때 흔히 나무를 비유로 들어 설명합니다. 사과나무로 태어났다면 사과나무가 잘 자랄 수 있는 토양과 온도, 영양분이 제공되어야 할 것이고, 배나무로 태어났다면 배나무로 자랄 만한 환경이 주어져야 하지요. 이처럼 성격은 한 사람이 가지고 태어나는 고유한 특성입니다. 성격은 곧 자기만의 개성이고 자아를 이루는 근간이 됩니다. 본성이라는 뿌리가 알맞은 토양에 제대로 자리를 잡아야 자기답게 잘 자랄 수 있겠지요." 병사들의 특질을 인정하고 긍정적인 면을 살리는 훈육 태도는 까다로운 특질의 병사라도 조화로운 성격으로 발전할 수 있도록 할 것이다.

필자도 소대장 때는 이러한 병력관리의 개념이 없었고 병사의 특성에 대해서도 별생각 없었다. "그냥 흘러가는 대로 하면 되지 않을까?"라는 생각도 많이 했고 해야 하는 것을 알면서도 귀찮아서 안 한 것도 많이 있었으며 내 기준과 맞지 않은 병력관리의 지시가 내려오면 짜증이 나는 경우도 있었다. 하지만 병사들을 훈육하면서 나는 진정한 성인이 되었다. 특질과 성격이 각각인 병사들이 날마다 펼치는 다양한 상황 속에서 화도 나고 짜증도 났다. 그만두고 싶은 적도 많았고 울고 싶었던 적도 여러 번 있었다. 하지만 내가 지휘하는 병사들이 대한민국의 미래를 선도할 수 있다는 확신이 있었고 그들의 반짝이는 눈망울에 반해서, 그들이 건강하고 바르게 생활할 수 있도록 내가 생각하는 최선을 다했다. 그런 생활이 이어지다 보니 어느새 지금까지 오게 되었다.

내가 원하는 특질과 성향이 아니라고 병사들의 본성에 맞지 않는 방향으로 끌고 가서는 곤란하다. 각개 병사의 타고난 특질과 성향 중에서 변화가 가능한 것과 불가능한 것을 구분하고 이를 받아 들여야 한다. 병사의 특질이 마음에 들지 않는다고 바꾸려는 것은 솔개에게 닭이 되라는 것과 같다. 솔개는 넓은 하늘에서 날아야 하지 마당의 지렁이를 파먹어서는 안 된다.

▶ 병사들이 짜증 내는 이유

20대 초반의 병사들이 모여 있는 내무 생활을 자세히 들여다보면 사회에서의 일반적인 사람들보다 병사들이 짜증을 자주 낸다는 것을 알 수 있다. 그렇다. 우리의 병사들은 짜증을 매우 잘 낸다. 픽 하면 짜증이다. 많은 간부와 병사들이 상호 간에 스트레스를 받는 가장 큰 요인이 상대방의 짜증이라고 이야기를 할 정도다.

그런데 병사들의 짜증이라는 감정은 생각보다 복잡하고 심오한 감정이다. 20대 초반이 되면 인간은 자기만의 생각과 논리를 가지고 비판적으로 세상을 바라보기 시작한다. 그러면서 이제까지 믿고 의지했던 여러 가지에 대해서 의심을 하기 시작하고 그와 동시에 복합적인 감정을 느끼게 된다. 문제는 이들이 감정을 인식하고 표현하는 능력이 부족한 것에서 기인하는데 그래서 병사들은 화난다, 슬프다, 억울하다, 외롭다, 속상하다, 부끄럽다, 실망스럽다 등의 여러 가지 감정을 '짜증'이라는 하나의 단어로 표현하는 것이다.

그리고 감정의 뇌인 변연계의 영향력이 큰 병사들의 뇌는 불안과 공포, 수치심과 같은 감정에 민감하고 빠르게 반응한다. 간부들이 별 의미 없이 한 이야기도 감정적으로 해석하고 쉽게 오해할 수 있는 것이다. 애정을 가지고 한 질문도 자신을 통제하려는 잔소리로 받아들이는 그들에게 '짜증'은 일상 그 자체이다.

따라서 병사들이 짜증을 낼 때에는 무조건 맞불작전으로 화를 내거나 야단치기 보다는 짜증의 원인을 찾아서 병사들이 자신의 감정을 인식하게끔 도와주는 것이 필요하다. 병사들의 짜증 이면에 있는 복잡한 감정을 읽어주고, 간부가 자신의 감정을 이해하고 공감한다는 것을 표현해야 한다. 이러한 노력은 병사들에게 '중대장이 내 마음을 알아주고 나에게 관심을 가지는구나'라는 메시지로 전달되어 심리적인 안정감을 준다.

인간은 본래 여러 가지 감정을 느끼면서 살아간다. 긍정적인 감정이든 부정적인 감정이든, 감정 자체에는 좋고 나쁨이 없다. 그런데 간부들은 병사들이 부정적인 감정을 표현하면 억압하고 통제하려 할 때가 많다. 하지만 병사들이 감정을 충분히 표현할 수 있도록 도와주어야 한다. 욕구와 감정을 그 당시에 표현할 줄 알아야 절제도 배울 수 있다. 욕구를 억압한다고 해서 그 욕구가 사라지는 것이 아니다. 그 욕구는 마음속에서 살아 숨 쉬다가 알 수 없는 시기에 무의식의 심연을 뚫고 폭주하게 되는 것이다. 그렇기 때문에 욕구와 감정을 억제하려고만 해서는 안 된다. 모두에게 자신 있게 보여줄 수 있도록 교육을 해야 한다. 비록 처음에는 모두가 불편할지라도 건강하게 자신을 표현할 수 있는 방법을 배우기 위해서는 꼭 필요한 과정이다.

감정을 제대로 표출하지 못하면 병사들의 무의식 속에는 원망과 분노가 쌓여간다. 이러한 감정이 지속적으로 강한 힘에 의하여 억압되면 절제심을 쉽게 잃거나 원망이 많은 사회인이 될 수 있다. 감정과 욕구를 가지는 것은 잘못이 아니다. 그것을 스스로 자제할 수 있는 힘을 키우도록 지도하는 것이 간부들의 역할인 것이다. 계급이라는 힘으로 병사들의 감정과 욕구를 억압하는 것은 병사들 입장에서는 자신의 감정을 조절할 수 있는 능력을 기를 수 있는 기회를 박탈당하는 것과 마찬가지이다.

　무조건 병사들을 야단치고 윽박지르기 전에 병사들의 감정을 먼저 이해해준다면 '내 생각과 감정을 중대장님이 알아주시는구나. 이런 감정은 내 마음대로 표현하면 안 되는구나'라고 스스로 깨닫는 순간이 온다. "중대장 앞에서 뭐하는 짓이야? 미쳤어?"라고 거칠게 화를 내는 순간 병사들의 마음속에는 앙금이 생기고 해당 간부에 대한 원망과 불신의 싹만 점점 키우게 된다. 부정적인 감정은 잘못된 것, 버려야 할 것이라고 간부가 단정해 버리면 병사들은 성숙의 기회를 놓치게 되는 것이다. 병사들이 표현하는 다양한 감정을 가치 있는 것으로 인정해 주어야 한다. 잘못된 행동은 지적해주어야 하지만 감정표현은 인정해 주어야 병사들이 건강하게 자신을 표현하고 절제하는 법을 배울 수 있다.

　간부가 과하게 간섭하고 자신의 생활을 침해한다고 느낄 때 병사들은 짜증을 낸다. 간부의 통제가 부당하다고 생각해서 반발하고, 심할 경우 탈영을 생각하기도 한다. 이럴 경우 간부가 해당 병사의 수준에서 같이 화를 내면 자신의 문제행동을 인식하기보다는 간부가 자신을 미워해서 복수하려고 한다고 생각한다. 병사들과 함께 대화를 통해 내무 생활의 적정선을 정하고 정한 선을 어길 경우 단호하게 대처할 것임을 미리 밝혀두는 것이 효과적이다.

　심하게 스트레스를 받는 병사들은 더욱 감정 기복이 심해지고 짜증을 자주 낸다. 이 경우 병사들의 스트레스 원인이 무엇인지 살펴보아야 한다. 병사들에게 직접 물어볼 수도 있겠지만 병사들의 경우 상급자에게 문제를 쉽게 드러내려고 하지 않는 경우가 많다. 이럴 때에는 해당 병사와 시간을 함께하면서 스스로 말할 수 있는 분위기를 만들어 주고 또래 병사를 통해서 병사들이 겪고 있는 어려움을 파악해야 한다. 여러 가지 방법으로 접근해도 특별한 원인이 보이지 않는다면 군이라는 환경에 적응하는 과정에서 겪는 단순한 스트레스일 가능성이 많다. 중건간부들도 사단을 옮기거나 부서가 바뀌면 적응과정을 거쳐야 하고 그 과정에서 얼마간의 스트레스를 겪는 것은 불가피하다. 하물며 병사들은 대인관계와 심리적 변화 등 발달과업 상 해야 할 일이 많은 데다 심리적으로 불안정해서 스트레스에 취약하다. 변화의 시기를 피할 수는 없고 그동안 겪어야 하는 스트레스 역시 피할 수 없다.

이럴 경우에는 스트레스를 적절하게 해소하는 것이 중요하다. 내무 생활의 특성상 일과가 끝났어도 온전히 자신만의 시간을 가지기가 쉽지 않은 것이 현실이다. 이 경우 사지방과 오락실은 거부할 수 없는 매력으로 병사들을 유혹한다. 하지만 컴퓨터나 오락을 하는 동안 쉬어야 하는 뇌는 제대로 쉬지 못한다. 건전한 체육 활동 혹은 병사들 간의 대화를 통해 병사들이 건강하게 휴식을 취하고 자연스럽게 해소할 수 있도록 간부가 직접 관심을 가지고 도와주어야 한다.

병사들은 또한 우울할 경우 짜증을 내기도 한다. 성인들은 우울증을 겪을 때 주로 슬픔과 우울감을 느끼지만, 병사들은 짜증스러운 기분을 느끼는 경우가 40%에 달한다. 20대 초반의 청년들은 성인에 비해 인지, 사고, 감정 발달이 미숙하여 자신의 감정을 정확하게 인식하는 것을 어려워한다. 자신이 우울한 감정 상태인 것을 미처 인식하지 못하기 때문에 짜증이나 분노, 폭력 등으로 불편한 감정 상태를 표현하게 되고 우울감은 가면 속으로 감추어 버린다. 그래서 20대 초반의 청년기 우울을

'가면성 우울증'이라 부르기도 한다.

성인의 우울증과의 이러한 차이로 인해 병사들의 우울증은 치료 시기를 놓치는 사례가 많다. 지나친 짜증, 변덕, 수면과 식욕의 변화 등은 우울증의 신호일 수 있다. 겉으로 보아서는 쉽게 병사들의 우울한 감정을 알아내기가 힘든 만큼 평소 충분한 대화를 하며 병사들의 마음건강을 잘 살필 필요가 있다.

병사들의 짜증이 폭발할 때, 간부의 역할은 '짜증난다'는 표현의 이면에 담긴 진짜 감정을 찾아 진심으로 공감해 주는 것이다. 충분히 공감받은 병사들은 심리적 안정을 회복해서 점차 짜증스러운 마음 상태에서 벗어날 수 있을 것이다.

▶ 병사들의 속마음 읽기

병사들은 종종 간부들이 전혀 이해할 수 없는 말이나 행동을 한다. 느닷없이 유격훈련을 열외 해달라고 하거나, 잘 생활하던 생활관을 바꿔달라고 할 때도 있다. 멀쩡한 보급품을 바꿔달라고 이야기하는 것은 양반으로 느껴지기도 한다. 간부들은 논리적으로 병사들에게 안 되는 이유를 설명해주지만, 돌아오는 것은 뚱한 병사들의 표정뿐이다. 간부들로서는 원인을 모를 일이다.

하지만 간부 입장에서는 이해할 수 없는 행동이라도 그 행동에는 그들 나름의 이유가 숨어있다. 병사들은 직설적으로 자기표현을 잘 하지 않는다. 교묘하게 말을 돌려서 간부의 속을 떠보고 자기 속마음은 밝히지 않으면서 원하는 것을 얻으려고 한다. 이때 현명한 간부라면 대화를 통해 병사의 마음속에 숨겨진 이유를 찾아낼 줄 알아야 한다.

병사들이 가장 즐겁게 기다리는 일 중의 하나인 회식을 가지 않겠다고 하는 것은 어떤 의미일까? 가장 일반적인 이유는 어울릴만한 병사가 없어서일 것이다. 다른 병사들은 모두 삼삼오오 모여서 함께 고기를 구워 먹으면서 노는데 자신만 꿔다놓은 보릿자루처럼 있는 것은 차라리 가지 않는 것이 낫겠다고 생각할 것이다. 나쁘게는 병영 갈등과 같은 심각한 문제가 있을 수도 있다.

평소부터 병사들과 대화를 많이 하고 교감을 쌓아두어야 병사들의 상태를 예민하게 파악하고 속마음을 읽을 수 있다. 병사들의 행동에 감춰진 이유를 찾는 것은 의미 없는 행동이 아닌 병사들을 이해하려고 노력하는 행동이다. 이런 노력 없이 병사들의 행동을 변덕이나 쓸데없는 고집으로 치부하고 넘어간다면 병사들이 보내는 정말 중요한 메시지를 놓칠 수 있다.

병사들이 사고를 치고 복귀했을 때 참으로 안타까운 점은 문제가 터진 후에야 간부들이 병사들에게 집중한다는 것이다. 소 잃고 외양간 고치는 것은 생각보다 우리 주변에서 빈번하게 일어나는 일이다. 병사들은 문제를 일으키기 전에 반드시 사인을 보낸다. 그것도 여러 번 보낸다. P.X에 전우 조 없이 간다든가, 말수가 적어진다든가, 짜증을 내거나, 소리를 지르기도 한다. 병사들이 이해하지 못할 말과 행동을 한다면, 사실은 그때야말로 그 신호를 눈치챌 수 있는 절호의 기회일 수도 있다. 하지만 간부는 그 사인을 종종 알아채지 못하고 놓쳐버린다. 병사들의 변화를 흔한 변덕으로 받아들이고 심각하게 생각하지 않는다. 설령 순간적으로 알아챘다 해도, 병사들의 감정은 쉽게 변하기 때문에 다음 순간 괜찮아 보이는 병사들의 모습에 그냥 넘겨버리기 쉽다.

사실 병사들의 사인에 간부들이 반응하지 못하는 이유는 대부분 간부의 두려움 때문이다. 현실을 인정하고 싶지 않고, 우려했던 일이 사실로 드러날 경우, 부딪쳐야 하는 문제들을 피하고 싶기 때문이다. 그래서 병사들의 변화를 별것 아닌 일로 합리화하면서 문제를 피해간다. 병사들의 문제를 대수롭지 않게 여기고 방치하다가 결국은 사고가 난 이후에야 후회하는 간부들을 여럿 보았다.

문제가 생기기 전 병사들이 보내는 사인을 읽기 위해서는 평소 자주 대화를 하고 교감을 나누면서 병사들의 욕구를 민감하게 파악하고 있어야 한다. 점호시간이나 식사시간, 집합 간 짧게라도 병사들의 일상에 관심을 가지고 이야기를 하며 서로의 생각을 공유하는 것이 필요하다. 그 시간 동안만이라도 온전히 병사들에게 집중하고 그들의 말을 경청하다 보면 병사들이 보내는 사인의 의미도 어느 순간 알게 될 것이다.

병사들의 변화를 이끌고 싶다면 그들의 속마음을 읽어야 한다. 잘잘못을 따져서 규정에 어긋난 행동을 하지 못하게 하고 통제에 잘 따르는 병사들로 만들겠다는 생각은 병사들을 간부들과 더욱 떨어트려 놓는 생각이다. 병사들의 행동에 숨겨진 메시지를 먼저 읽어야 한다. 특정 병사가 어떤 상황에서 어떤 느낌을 받고, 어떤 생각을 하는지 이해하고 고려한다면 병사들의 특이 행동에도 능히 대응할 수 있다.

대화란 서로를 알아가고 받아들이는 과정이다. 간부와 대화하는 시간 동안 병사들은 생각의 틀을 잡아가고 신뢰를 쌓아간다. 자신이 있는 그대로 받아들여진다고 느끼면, 병사들도 마음을 열고 간부의 말에 귀 기울인다. 대화를 통해 자신이 성숙한 어른으로 대접받고 있다는 것을 느끼고 무슨 일이든지 간부와 의논하면 해결이 가능하다는 믿음을 가지게 된다. 이러한 노력이 병사들의 문제를 막는 예방접종이 될 수도 있다.

병사들의 행동에는 반드시 이유가 있다. 행동 이면의 마음과 생각까지 읽을 줄 하는 민감한 간부가 되어야 한다.

▶ 지적은 시기적절하게

많은 병사들이 간부들과 대화가 잘되지 않는다고 불평한다. 여러 가지 원인이 있겠지만 가장 큰 이유는 간부들이 일방적으로 훈계하고 병사들을 윽박지르기 때문이다. 대화란 사람과 사람이 주고받는 의사소통인데 군에서의 대화는 대부분 한쪽만 일방적으로 말하고 다른 한쪽은 듣기만 한다. 상급자가 들어주는 쪽이라면 그나마 나은 편이지만 대다수의 현실은 그렇지 않을 것이다. 간부들은 병사들의 이야기를 듣기보다 자신의 의도와 감정만을 명령조로 쏟아내고 뒤돌아서기 바쁘다. 병사들에게 생각하고 행동할 여지보다는 수동적으로 자신의 지시를 따르기 원하기 때문이다. 물론 이러한 대화 방법이 임관한 지 5년이 지난 간부들에게는 상급자의 의도를 전달하고 업무를 신속하게 진척시킬 수 있는 방법이겠지만 초급간부 이하의 병력들에게는 의미 없이 서로의 벽을 쌓는 대화의 방법일 수 있다. 군이라는 특성상 명령을 하급자가 받아들여야 하지만 우리의 병사들은 일방적인 언어를 받아들일 준비가 아직 되지 않았다.

미국 피츠버그대, 버클리대, 하버드대가 공동 연구한 결과에 따르면 전두엽이 발달되지 않은 아이들에게 특정한 녹음을 30초간 들려주었더니 뇌에서 부정적인 감정에 관한 영역은 점점 활성화된 반면 상대방의 입장을 헤아리고 공감하는 데에 필요한 뇌의 활동은 점점 줄어드는 현상을 보였다. 성장이 미숙한 뇌가 공감하길 거부했던 특정한 목소리는 바로 지적을 하는 목소리였다.

즉 지적을 들으면 아직 전두엽이 성장하지 못한 병사들의 뇌는 멈춘다는 것이다. 간부들이 소리를 지르면 지를수록 병사들은 간부들의 이야기를 더 이상 들으려고 하지 않을 것이다. 간부들은 계속 지적을 하면 언젠가는 병사들의 머릿속에서 그 내용이 주입될 것이라고 생각하지만 그것은 잘못된 생각이다. 오히려 간부를 점점 더 무시하거나 화를 낼뿐이다. 병사들과의 대화를 효과적으로 이끌어 나가기 위해서는 병사들의 감정적인 뇌도 이성적으로 이해할 수 있도록 차근차근 설명하는 것이 필요하다.

간부들 입장에서 병사들과 대화하다 보면 머리부터 발끝까지 지적할 요소가 많은 것이 사실이다. 그래서 일부 간부들은 병사들에게 일방적으로 지시하고 따르도록 강제하기도 한다. 하지만 앞서도 이야기하였듯이 간부들의 지적과 강제는 병사들의 반감을 키울 뿐이다. 요즘 우리의 병사들은 짧은 대화에 익숙하다. 그렇기에 간부들이 길게 이야기하는 설교를 지겨워한다. 병사들에게 무언가를 가르치고 충고하겠다는 의미로 받아들여지는 순간 병사들 입장에서는 대화로 여겨지지 않는 것이다.

병사들이 간부들과 이야기하는 과정에서 간부와의 대화가 싫다면서 이야기하는 불평이 있다. 바로 이전군대와 현대군대를 비교하며 자신들에게 과거의 군 생활을 강요한다는 것이다. 간부들의 이전 시절 이야기를 병사들과 나누는 것은 어찌 보면 병사들에게 다가가기 쉬운 방법 중 하나이다. 단순한 과거의 군 생활 이야기는 병사들에게도 흥미롭기 때문이다. 하지만 그 이야기가 훈계로 바뀌는 순간 병사들과의 대화의 노력은 수포로 돌아가게 된다. 간부들의 경험담을 잘난 척 하는 소리, 뻔한 이야기로 인식하기 때문이다.

요즘의 병사들은 이전의 군을 경험하지 못했고 상상도 할 수 없다. 사실 간부들이 선진병영을 이야기하는 것도 후대의 우리 군의 구성원들이 과거의 억압적인 분위기와는 다른 환경에서 군 생활을 하길 바라기 때문이다. 그런데 그러한 노력을 잘 이어 오다가도 갑자기 훈계 하나로 병력들과 과거로 돌아가려 하는 것이다. 그 원인은 전적으로 성숙하지 못한 간부들에게 있다. 자신이 초급간부일 때는 과거의 군이 싫었지만 중견 간부로 성장하니 과거의 군에서 대접받았던 선임들의 모습이 부러워 보였기 때문일 것이다. 이는 간부로서 솔선수범해야 하는 우리에게 올바른 태도가 아니다. 그렇기 때문에 간부의 경험에 비추어 병사들을 평가하고 훈계하려고 해서는 안 된다. 간부의 경험과 지식을 억지로 주입하려 한다면 병사들은 거부하고 말 것이다.

압력을 주고 지적하는 의사소통은 병사들 스스로 판단하는 능력을 기르지 못하게 하고 자존감과 창의력을 떨어뜨린다. 오랫동안 간부의 설교나 충고를 듣고 훈육된 병사들은 간부들에게 지나치게 의존적이며 자신의 의견이나 생각을 잘 표현하지 못한다. 이런 현상이 반복되면 병사들은 자신의 의견은 간부의 의견보다 못하다는 열등감을 가지게 되고 결국 스스로 결정할 수 없는 상태가 되어버린다. 군내에서는 이런 상태가 이어진다 해도 간부가 통제할 수 있지만 이러한 상태로 사회생활을 잘할 수 있을지는 의문이다. 무엇이 옳은지 가르쳐주는 것보다 병사들이 자신의 의견을 펼칠 수 있도록 해주는 것이 더 중요하다.

지적을 통해서라도 병사들에게 많은 것을 알려주고 시행착오를 덜 겪게 하고 싶은 것이 간부들의 마음이다. 하지만 준비가 되어 있지 않은 병사들에게 무작정 윽박지르며 따르라고 다그친다면 병사들은 거부할 게 분명하다. 병사들에게 압력이나 협박성의 말투는 더 이상 통하지 않는다. 변화를 위해서는 차라리 윽박지르기보다는 간부들이 병사들에게 바라는 모습을 먼저 보여주는 솔선수범이 필요하다.

▶ 감정 코드 맞춰내기

군에서 병사들을 지휘, 주목시키는 방법은 두 가지가 있다. 예측 불가능하고 불합리하게 훈육하여 병사들의 자아를 지우고 지시사항에 집중하게 하는 것이 첫 번째 방법이고 두 번째 방법은 병사들의 감정을 공감하고 수용하여 자발적으로 따르게 하는 것이다. 첫 번째 방법을 사용할지 두 번째 방법을 사용할지는 전적으로 해당 부대 지휘관의 결심이지만 나는 두 번째 방법이 옳다고 생각한다. 그 이유는 군이 대한민국 청년들에게 마지막 공교육기관이기 때문이다. 만약 첫 번째 방법으로 병사들을 훈육한다면 병사들은 상사 없이는 아무것도 할 수 없는 창의력 없는 빈껍데기로 제2의 인생을 시작하게 되는 것이다. 나는 첫 번째 방법을 권하고 싶지 않다. 그리고 두 번째 방법의 첫걸음은 병사들의 감정을 이해하고 그들과 함께 가기 위해 그들의 감정에 집중하는 것이다.

병사 한 명이 갑자기 면담을 신청하더니 잘 들어가던 근무를 들어가고 싶지 않다고 한다. 신체가 아프거나 선임들과 문제가 있는 것도 아니다. 달래도 보고 화를 내기도 해본다. 하지만 잔소리 한 번에 병사는 마음의 문을 더욱 걸어 잠그게 된다. 간부 입장에서는 여러 가지 생각이 머리를 스쳐 간다. 면담이 끝나도 간부의 굳은 표정은 계속 이어진다. 그 굳은 표정을 바라보며 면담을 하지 않은 병사들 또한 간부의 표정을 보며 긴장하게 된다. 결국 병사 한 명이 부대 전체를 얼어붙게 만드는 것이다.

간부들은 부대의 기율을 유지하고 싶기 때문에 예상하지 못한 문제가 생기면 부대의 기율을 유지할 수 있는 방향으로 문제를 해결하려 한다. 결국 부대의 기율을 유지한다는 명목 하에 간부들은 예상하지 못한 병사들의 행동에 대해서 철퇴를 내리게 되는 것이다. 하지만 앞서 소개하였듯이 병사들은 감정적이고 하고자 하는 의지가 없으면 행동으로 옮기지 않는다. 오히려 그들의 마음에는 알 수 없는 위험요소가 끊임없이 끓어오르고 있을 것이다. 그러한 위험요소가 방치되어 폭발하게 된다면 더 이상 걷잡을 수 없는 것이다.

사실 간부들 역시 병사들의 알 수 없는 반항에 감정이 격해지지 않을 수 없다. 그렇기에 이성적인 대화를 해야 한다는 것을 알면서도 잘되지 않는 것이다. 감정이 앞서는 병사들의 대화 방법에 감정으로 맞받아치기 때문인데 그러할수록 간부들의 의도와는 다르게 병사들은 더욱 움직이지 않고 간부와 병사들 간의 신뢰만 깨어지고 부서지는 것이다.

앞서 설명하였듯이 20대 초반의 뇌는 감정의 뇌인 변연계가 과잉 활성화되어 있기 때문에 이성보다는 감정의 지배를 받는다. 병사들 또한 성인이 되기 위한 과도기상에 있는 것이다. 그렇기에 간부들 역시 이러한 병사들을 이해하고 감정을 먼저 수용하고 이해하려는 노력을 해야 할 필요가 있다. 상호폭행, 탈영, 총기 난사 등등의 문제를 일으키는 병사들을 본다면 대부분 내무 생활의 억눌린 감정들을 어긋난 방법으로 발산시킨 경우이다. 감정은 억압한다고 사라지고 자연치유 되는 것이 아니고 어딘가에 축적되게 되는 것이다. 그렇기 때문에 병사들의 감정이 적절한 때에 해소되어야 하는데 그 역할을 할 수 있는 것은 결국 간부들이다. 그렇기 때문에 간부들이 병사들의 감정을 알아내야 하는 것이다.

군에서도 그러하지만 대한민국은 가정에서, 학교에서 감정을 표현하는 것이 좋지 않다고 가르친다. 특히 감정을 표출하는 것을 남자답지 못하다고 생각하도록 학습되어진 병사들은 감정표현에 서툴다. 병사들의 표현방법이 때로는 거칠고 앞뒤 없어 보이는 것도 이러한 사회적환경이 저변에 깔려있기 때문이다. 미래의 병사들이 가정에서부터 감정을 자연스럽게 표현할 수 있는 사회를 만들기 위해서는 지금 병사들이 감정을 자연스럽게 표현하는 것이 사회변화의 가장 우선되어야 할 선결 요건이다.

간부들은 그렇기 때문에 감정의 홍수에서 정처 없이 떠도는 병사들의 감정이 자리 잡을 수 있도록 도와주어야 한다. 이를 위해서는 병사들의 마음이 어디에 위치해 있는지 먼저 알아야 한다. 일정한 상황에 병사들이 어떤 감정을 느꼈는지 그래서 무슨 생각을 하게 되었는지 알아채고 그 마음을 이해해주어야 한다.

병사들의 감정을 이해하고 수용하기 위해서는 간부 스스로 자신의 감정을 인식하고 조절하여 그 감정을 병사들이 이해할 수 있도록 표현할 수 있는 능력이 선행되어야 한다. 간부들의 감정을 병사들이 같이 느끼며 서로의 감정을 공유하는 경험을 만들기 위해서이다. 이러한 과정을 통해서 병사들 또한 올바른 감정표현을 알게 되고 간부 역시 공감하는 능력을 갖추게 된다.

간부들이 자신의 마음을 수용할 수 있다는 느낌을 받은 병사들은 그때부터 간부들과의 대화를 신뢰할 수 있다고 느끼게 된다. 병사들과의 대화는 그때부터가 진정한 시작인 것이다. 병사들의 행동에 마음이 놓이지 않고 못마땅한 것은 당연하다. 하지만 병사들의 감정에 충분히 공감한 뒤에 간부들이 바라는 모습을 그들에게 교육하여야 한다.

병사들과 간부들이 서로 공감하게 되면 서로가 변하게 된다. 서로의 생각을 자연스럽게 드러내 보일 수 있는 것이다. 병사들이 AOA를 보면 가슴이 떨리듯이 간부들도 S.E.S, 소녀시대를 보며 가슴이 떨렸던 순간이 있었다. 간부와 병사들이 서로 공감을 받게 되면 서로의 마음속에 있는 이야기를 할 수 있는 관계로 발전하게 된다. 무작정 근무가 들어가기 싫었다고 하는 병사들의 마음속에는 매 순간 이유 같지 않은 이유로 열외 하는 열외의식으로 가득 찬 타 병사들에 대한 불만이 있었고, 더 깊은 곳에는 근무공정표에 대한 불만이 있었던 것이다. 간부 입장에서는 그럴 수도 있다고 생각하겠지만 병사들의 입장에서는 그렇지 않다. 그 짜증과 불만을 간부들과 공감할 수 있다면 간부들과 자신의 감정을 이야기할 수 있을 것이고 자신의 부정적인 감정과 작별할 수 있는 기회를 가지게 되는 것이다.

간부들과 공감하는 과정을 통하여 병사들은 자신의 감정을 이해하고 조절하는 능력을 기를 수 있다. 간부들에게 공감하는 능력을 배우게 된 병사들은 근시적으로는 인접 병사들을 공감해 줄 수 있으며 길게는 사회에 나가서도 만나는 많은 이들과 공감할 것이다. 마음속에 감정을 다루는 능력을 군에서부터 연습했기 때문에 타인의 입장에서 생각하고 느낄 수 있는 능력을 가지게 된 것이다.

하지만 불합리하고 예측할 수 없는 훈육환경에서 간부의 공감 없이 훈육된 병사들은 공감능력이 현저히 떨어지게 된다. 그리고 속마음을 보기보다는 현상에 집착하게 되는데 이러한 현상을 해결하기 위해 집착하기 때문에 자신이 무엇을 진정으로 원하는지 전혀 알지 못하고 알려고 하는 노력도 하지 않게 된다.

병사들은 인간으로 태어난 이상 감정을 모두 가지고 있다. 그렇기에 자신의 감정을 이해하는 이를 찾게 되고 그러한 감정을 존중하는 사람에게 호감을 느끼는 것이다. 반면에 감정을 이해해주지 못하는 사람과 함께하는 것은 너무나 힘들다. 때문에 간부들이 병사들의 군 생활의 수고스러움을 경감시키기 위해서라도 그들과 공감하려는 노력을 계속 해야 하는 것이다.

▶ 병사들과 논리적으로 대화하기

병사들과 대화를 하다 보면 어느 순간 본론에서 멀어지고 나중에는 무슨 말을 하려고 했는지조차 잊어버리게 되는 경우가 있다. 생활관이 더러워서 청소를 하라고 지시하려고 했을 뿐인데 병사들의 태도가 마음에 들지 않는다는 이유로 간부들의 말에 감정이 실리게 되고 병사들도 화를 내며 대꾸하게 되는 것이다. 그러면 그 이후의 과정은 간부가 평소에 쌓였던 불평불만을 이야기하면서 대화를 하고자하는 마음은 물 건너가게 되고 지적과 폭언이 난무하게 되는 지옥도의 한 모습으로 생활관이 변모하게 되는 것이다.

모든 병사가 그런 것은 아니지만 때로는 대화하기가 쉽지 않은 병사들도 있다. 이런 병사들과 면담을 하는 경우 처음에는 간부들도 나름대로 마음의 준비를 하고 해당 병사에 대한 신상도 파악하고 있기 때문에 대화가 수월하지만 시간이 갈수록 점점 서로 감정적으로 반응하게 되는 경우가 다반사다.

이런 결과가 나오게 되는 것은 대부분 비언어적 의사소통의 측면에서의 실패가 원인일 때가 많다. 20대 초반의 병사들은 간부들과의 면담내용보다 화가 난 간부의 표정이나 태도와 같은 비언어적 메시지에 질리기 때문이다. 병사들은 논리적인 사고보다 감정적인 사고가 앞서기 때문에 한 번 대화의 코드가 엇나가면 다시 차분히 이야기하는 것이 매우 어렵다.

간부들은 열이면 열 화내지 않고 차분하게 면담을 진행했다고 이야기한다. 하지만 병사들이 들으려는 의지가 없어서 화를 낸 것이라고 항변한다. 그러나 앞서 기술했듯이 20대 초반의 뇌는 표정을 잘 구분하지 못한다. 때문에 간부들은 병사들이 언제라도 감정표현을 왜곡되게 받아들일 수 있다는 점을 알고 있어야 한다.

하지만 재미있는 것은 병사들만이 감정을 잘못 읽는 것이 아니라 간부들 역시 병사들의 감정표현을 잘 못 해석한다는 것이다. 마치 똥 묻은 강아지가 겨 묻은 강아지를 욕하듯이 말이다. 간부들은 속상해서 입을 다문 병사들의 모습을 화가 나서 반항하는 것으로 해석하거나, 시시각각 변화하는 병사들의 감정을 따라가지 못할 수 있다. 따라서 간부들에게는 "표정이 안 좋은 것을 보니 화가 난 것 같구나, 조금 있다가 다시 이야기 할까?" 등으로 대화의 분위기를 전환 시키는 태도가 필요하다. 이러한 노력이 간부와 병사간의 의사소통의 오해를 줄이고 병사 스스로 자신의 감정을 정확하게 인식할 수 있도록 도와줄 것이다.

 병사들과 대화를 잘하기 위해서는 경청을 잘하는 것 또한 중요하다. 사실 병사들이 이해할 수 있도록 잘 설명하는 간부들은 왕왕 있어도 잘 들어주는 간부들은 몇 명 못 봤다. 그만큼 병사들의 말을 잘 들어주는 간부들은 얼마 되지 않으며 경청의 태도는 얻기 쉬운 능력이 아니다. 경청의 태도는 참을성만으로 되는 것이 절대 아니다. 노력이 필요하다.

 병사들과 대화할 때 대부분의 간부는 묻는 즉시 답이 올 것을 요구한다. 질문을 던졌을 때 답변이 신통치 않으면 짜증이 나기 때문에 계속 추궁하게 된다. 하지만 실제로 병사들이 침묵하는 이유는 간부가 일방적으로 지적할 때, 이야기해봐야 소용없다고 느낄 때, 다음 말을 하기 위해 생각 중이기 때문일 때가 많다. 그렇기 때문에 진정 병사들의 답변을 기다린다면 충분히 기다려주고 그들이 답변을 조리 있게 할 수 있는 시간을 주어야 한다. 그러면 머지않아서 병사들은 간부들이 기다리는 답변을 조리 있게 이야기할 것이다.

그리고 병사들이 발언을 시작하면, 끝날 때까지 들어주어야 한다. 특히 병사들과 대화할 때는 특별한 상황이 아니면 끊지 말고 경청해야 한다. 여기서 말하는 특별한 상황은 지진, 산사태, 화재, 사단장급 이상의 방문 등이다. 결국 끊지 말아야 한다는 이야기다. 병사들의 경우 전두엽이 발달되지 않아서 논리적으로 말하는 능력이 부족하다. 그렇기 때문에 면담을 진행하는 간부입장에서는 답답하지 않을 수 없다. 때문에 병사들이 말을 마무리하기 전에 그 말을 끊고 간부 자신이 이해할 수 있는 방향으로 대화를 끌어가려 하는 것이 대다수이다. 그러나 그들의 말은 끝까지 들어주어야 한다.

물론 적절한 질문 또한 병사들의 말을 이해하는 데 큰 도움이 될 수 있다. 같은 상황을 이야기할 때도 간부와 병사가 서로 다르게 이야기할 수도 있기 때문이다. 각자의 말만 하다가는 면담의 목적을 달성하기 어렵기 때문에 질문을 통해서 간부가 이야기를 들으려 한다는 것을 표현해야 하는 것이다. 그러면 병사들의 마음속 이야기를 더 끌어올 수 있다. 병사들이 간부들과 같은 어휘구사 능력이 있고 영특하다면 그러한 능력을 가지고 있는 병사들이 낮은 계급에서 근무할 수밖에 없는 군을 탓해야 하지만 현실은 그렇지 않다. 때문에 병사들의 생각을 먼저 묻는 것이 필요하다. 간부들의 입장에서 생각하고 대화한다면 아직은 성숙하지 못한 병사의 마음속에 있는 이야기는 더 이상 들을 수 없을 것이다.

병사들이 말을 이어갈 때 이야기를 듣고 있다는 표현을 하는 것 또한 굉장히 중요하다. 눈을 마주 보며 고개를 끄덕이고 적절한 때 후렴구를 넣어주는 등의 반응을 보여주어야 한다. 간부가 자신에게 관심을 가지고 열심히 듣고 있다는 것을 느껴야 병사들의 마음이 열리기 때문이다.

하지만 보고서를 만들면서 이야기를 듣는 척을 하거나, 전화를 하면서 이야기를 한다면 마음의 문을 열려고 노력하던 병사의 마음의 문은 닫히게 될 것이다. 귀는 항상 열려있다. 문제는 그 내용을 들으려고 하는가 이다. 병사들은 간부들의 반응에 굉장히 민감하다. 때문에 반응이 진심인지 아닌지 병사들은 본능적으로 알게 된다. 진심이 담긴 간부의 반응이 있어야지만 자신의 고민을 솔직하게 털어놓는 것이다. 병사들의 소리를 귀가 아닌 마음으로 들어주려는 간부의 자세가 진정한 소통으로 가는 문을 열 수 있다.

병사들과 면담 혹은 대화를 할 때에는 또한 핵심에서 벗어나지 말아야 한다. 특히 병사들이 압박을 받는 주제, 지적이나 책망으로 흘러가는 것은 병사들의 감정을 건드리게 하는 가장 빠른 길이다. 면담의 주제에서 벗어난 훈계가 나오면 병사들은 옳고 그름에 상관없이 억울함을 느끼고 반발하게 된다. 반발하는 것을 표현하지 않는다 하더라도 이미 간부에 대한 안 좋은 감정을 이미 가진 상태로 돌아서기 때문에 무슨 이야기를 해도 지적을 받는다는 인상을 받아 간부들을 기피하게 되는 것이다.

앞선 내용과는 상반되는 내용이지만 병사들을 상대하다 보면 어쩔 수 없이 지적을 통해서 병사들이 깨달을 수 있도록 하는 것도 필요하다. 그럴 때에는 병사들이 한 번에 이해할 수 있도록 다른 이야기를 꺼내지 말고 지적할 내용만을 곧바로 이야기하되 감정을 싣지 않고 차분하게 이야기하는 것이 좋다. 병사들은 간부의 통제를 받기 싫어하고 어떤 이유를 만들어서라도 지적받기 싫어하기 때문이다. 이때 아무런 설명도 없이 무조건 간부를 믿고 따르라는 식으로 병사들에게 윽박지르면 병사들과의 관계만 나빠지는 것이다.

감정에 휩싸이지 않고 차분하고 이성적으로 간부 자신의 뜻을 설명하면서 병사들이 훈계로 느끼지 않을 대화를 이어가야 한다. 감정이 상하지 않은 상태여야 병사들이 자신의 행동에 대한 이유를 논리적으로 설명할 수 있다. 여기에 간부가 공감하고 잘 대응하면서 행동을 바꾸어야 하는 이유를 설명해야 병사들은 이를 수긍할 수 있다. 간부 입장에서도 병사들의 이야기를 듣는 동안 그들의 입장을 이해할 수 있고, 그들의 변화를 위해 도울 일을 찾을 수도 있다.

논리적인 대화는 병사들이 저항 없이 간부의 말을 받아들이고 자신의 생각을 정리하도록 도와준다. 생각이 정리되면 행동의 변화는 자연스럽게 일어난다. 이런 과정을 통해 병사들은 자신의 생각을 객관적으로 정리하고 의견을 논리적으로 전달하는 법, 타인의 의견을 인정하고 받아들이는 법을 배운다. 간부와의 대화는 병사들에게 의견을 나누는 법을 가르치는 최고의 방법이다.

▶ 병사들의 눈높이를 이해하기

병사들과 대화가 어렵다고 이야기하는 간부들의 면담 혹은 대화 과정을 살펴보면 가족관계, 졸업 후 진로 등등 병사들도 아직 마음의 결정을 하지 못한 일들에 대해서 이야기를 이끌어 가는 경우가 많다. 잘 들여다보면 그 이야기의 내용에는 간부들이 이야기 하고 싶은 내용만 담겨 있을 때가 많다. 간부들이 병사들에게 다가가고자 하는 의도는 높이살 수 있지만 그런 대화가 병사들과의 거리를 멀어지게 하는 계기가 될 수 있다는 것을 알아야 한다.

병사들과 대화를 올바른 방향으로 계속 이어가고 싶다면 가볍게 농담따먹기를 하듯, 그들의 눈높이에 맞는 사소하고 가벼운 주제로 시작하는 것이 좋다. 간부들이 접근하기 편하고 친숙한 주제가 아니라 병사들이 친숙하고 익숙한 주제로 대화가 이루어져야 하는 것이다. 간부가 병사들의 눈높이를 이해한다는 것을 병사들이 느끼기 시작하면 병사들이 마음을 열고 간부들에게 다가갈 수 있다.

사실 20대 초반의 문화를 30대가 이해하기 어렵고 40대, 50대가 되면 더욱 이해하기 어려운 것은 당연하다. 애초에 세대가 다르고 각자 향유하였던 문화가 다르기때문에 그런 것이다. 하지만 '병사들과 나는 다르다'는 생각으로 병사들에 대한 통제를 초급간부들에게 맡기고 외면한다면 더 큰 문제를 불러일으킬 수 있다. 그렇기 때문에 완전히 병사들의 문화를 알진 못하더라도 최소한 이해하기 위한 노력을 지속적으로 하여야 한다. 병사들의 문화를 접하다 보면 점점 병사들이 어떤 것을 원하고 무엇을 생각하는지에 대한 노하우가 생긴다. 처음 면담할 때 느꼈던 어려움이 병사들을 대하면 대할수록 쉬워지는 것을 느낄 수 있을 것이다. 일상이야기나 병사들이 좋아하는 걸그룹 이야기로 말문을 열면 어느새 병사들이 한 걸음 더 다가오는 모습을 볼 수 있을 것이다.

병사들에게 무조건 아무 이야기나 해보라고 하기 보다는 그들의 세상에서의 간부 자신의 이야기를 하면 더욱 그들의 마음을 쉽게 얻을 수 있다. 특히 간부 자신의 20대 초반 이야기를 한다면 병력들은 쉽게 공감할 것이다. "내가 젊었을 때는 S.E.S가 최고였고 다시는 그런 걸그룹을 못 볼 줄 알았는데 트와이스라는 젊은 애들을 보니까 세상이 많이 좋아진 걸 느낀다"라는 한마디면 병사들과 간부들은 추억을 공유하게 되는 것이다. 그런 경험을 통하여 병사들 또한 간부들을 이해하게 되고 간부 역시 자신의 젊은 시절을 떠올리며 병사들의 행동을 이해할 수 있게 될 것이라고 믿어 의심하지 않는다.

대다수의 병사들이 좋아하는 것뿐만 아니라 해당 병사가 좋아하는 것에 대해서 대화하는 것도 중요하다. 병사들을 더 깊이 사랑하기 위해서는 그들을 더 많이 알아야 한다. 내 병사들이 좋아하고 아끼는 것에 대해 더 많이 알수록 이해의 폭이 넓어져서 소통이 수월해진다.

행정보급관이나 대대장과 같은 중건간부들은 병사들과 20년 혹은 30년 차이가 난다. 사실 그 정도 차이가 되면 서로를 이해하기가 어려울 수도 있다. 그럴 때는 솔직하게 다가가는 것도 하나의 방법이다. 예를 들어 랩퍼를 꿈꾸는 병사에게 "랩퍼 씨잼을 좋아한다고 자기소개에 작성했네. 이번에 음원 나왔던데 다운로드 받아서 중대장도 들어볼게"라고 대답한다면 새로운 환경에 얼어붙어 있던 병사의 마음에 잔잔한 파문을 일으킬 것이 분명하다. 간부들이 자신을 이해하려고 노력하는 것을 알게 된 병사들은 간부들의 배려에 고마움을 느끼고 마음을 열게 된다. 해당 병사가 좋아하는 랩에 대해서 이야기하다 보면 신이 나서 랩에 대해서 이야기하는 동시에 자신의 이야기 또한 쉽게 할 수 있다. 이 과정에서 평소 보지 못했던 모습을 보게 됨은 당연하다. 간부와 통한다고 생각한 병사는 이야기하기 힘든 자신만의 이야기를 털어놓는다. 비록 간부들에게 생소한 분야였지만 랩으로 시작된 사소한 대화가 고민 상담으로 이어지고 소통이라는 큰 수확을 안겨줄 수 있는 것이다.

지적은 되도록 줄이고 병사들의 말에 귀를 기울여야 한다. 자기 이야기를 잘 들어주는 사람과 이야기 하고 싶은 것이 사람의 정상적인 마음인 것이다. 간부들이 자신의 이야기를 진지하게 듣고 있다고 느끼면 병사들도 간부들과 많은 이야기를 하고 싶다. 병사들 역시 간부들에게 자신의 생각, 감정을 이야기하고 공감받기를 원하기 때문이다. 성인의 시선이 아닌 병사들의 시선으로 다가갈 때 병사들은 마음의 자물쇠를 풀고 내면의 문을 활짝 열 것이다.

▶ 병사들과 공감하는 법

병사들이 자신의 고민거리나 문제를 간부들에게 이야기하고자 면담을 신청하는 경우가 많이 있다. 간부로서 때로는 정상적인 면담을 하면서도 병사들의 개념 없는 태도에 말문이 막힐 때가 있을 것이다. 그럴 때는 간부로서 경청을 해주어야 한다는 것을 알면서도 질책을 하고 싶어질 때가 있다. 위와 같은 경우에는 면담을 마친 다음 곰곰이 생각해보면 간부의 입장이 아닌 병사의 입장에서 좀 더 생각을 했어야 하는데 그러지 못해 아쉬운 적이 많이 있다. 물론 그런 날에는 병사들의 고민을 경청도 못한 경우가 대부분이다.

병사들은 고민이 있을 때 가장 믿고 의지하는 간부들에게 속마음을 털어놓게 된다. 병사들의 속마음을 듣는 간부 입장에서는 별것이 아닐수도 있고 자신이 아닌 다른 간부에게 이야기해야 하는 문제라고 생각할 수도 있다. 하지만 그런 생각을 하는 순간 민감한 병사들은 실망과 좌절을 느끼고 더 이상 어떤 간부와도 대화를 하고 싶은 마음이 사라진다. 사람들은 대게 자신이 당면한 고민이 가장 크게 보이고 지나치기 힘들다고 생각한다. 하물며 아직 미성숙한 병사들일 경우 이런 느낌은 더 강할 수밖에 없다. 중요한 고민이 무시당한 병사들은 간부를 더 이상 신뢰하지 않게 되어 문제나 고민이 생길 경우 화장실에 붙여져 있는 국방 헬프콜이나 감찰참모와의 통화와 같은 도움창구에 SOS 요청을 하게 되는 것이다. 가래로 막을 것을 호미로 막게 되는 사태가 벌어지고 마는 것이다.

그렇기 때문에 중요한 것은 병사들의 이야기를 그들의 눈높이에서 가감 없이 수용하는 것이다. 간부가 병사들의 고민을 반드시 해결해줄 필요는 없다. 아마 그럴 수도 없을 것이다. 그저 간부들도 병사들의 입장에서 고민하고 있다는 것을 보여주는 것으로도 충분하다. 간부들이 자신과 같이 생각하고 고민을 나눌 수 있다는 것을 느낀 병사들은 간부들에게 더욱 친근함을 느끼고 전우애를 확인한다. 이미 20대 초반을 지나온 간부들은 자신의 20대 초반을 되돌아보며 그 당시의 자신의 입장에서 편안하게 이야기해주면 된다.

때로는 병사들이 이야기하는 문제가 간부가 받아들이기 어려운 내용일 수도 있다. 특히 병사들이 간부 자신이나 부대에 대한 원망을 털어놓을 때가 그렇다. 나름 최선을 다해 병사들을 지도했는데 그런 노력을 정면에서 반박하는 그들의 생각을 받아들이기에는 어려울 수 있다. 이런 경우 병사들에게 화를 내고 폭언을 하는 간부들도 일부 있다. 그러나 병사들이 용기를 내어 이야기한 것을 부정하는 것은 이제까지 대화하기 위해 노력한 것을 모두 허사로 돌리는 일이다. 병사들은 오히려 면담 전보다 더욱 마음의 문을 닫을 수도 있다. 그렇게 되면 이전으로 돌리는 일은 불가능하다.

대화를 하려고 마음을 먹었다면 병사들의 말과 행동을 간부의 기준으로 평가하고 판단하지 않아야 한다. 특히 병사들의 태도나 행동에 대해서 비판하거나 조롱하는 투의 화법은 절대 사용해서는 안 된다. 그런 말을 들은 병사는 좌절감을 느끼며 해당 간부를 떠나 군에 대한 반감을 키우기 때문이다.

병사들이 잘못한 것에 대해서 혼날 것을 알면서도 이야기하는 용기 있는 행동은 칭찬받아 마땅하다. 비록 잘못된 행동을 했을지라도 잘못을 지적하기보다는 그들의 감정에 공감을 해주는 것이 먼저다. 병사들은 자신의 잘못도 모를 만큼 멍청하지는 않다. 그렇기에 그들의 잘못에 대한 지적과 가르침보다는 먼저 공감을 해주는 태도가 필요한 것이다.

통신병이 CEOI를 잃어버렸다고 잘못을 먼저 시인하는 것은 간부들에게 비난을 듣기 위함이 아니다. 자신이 해결하기 어려운 문제를 간부들과 고민을 하고자 하는 마음인 것이다. 그리고 표현할 수는 없지만 자신의 실수로 인한 불안한 마음을 위로받고 싶은 의도가 있다고 볼 수 있다. 하지만 대다수의 간부들은 병사들에 의해서 문제가 식별될 경우 짜증을 내는 것이 대부분이다. 간부들 입장에서는 예상하지 못한 문제를 직면했기 때문에 그 문제를 바라보기가 싫기 때문이다. 하지만 병사의 입장에서는 성급한 간부들이 자신의 감정은 무시하고 문제의 해결책만을 찾는 것을 보면서 문제를 이야기한 것을 후회하게 되고 결국 간부와 병사의 감정의 골은 더욱 깊어지게 되는 것이다. 병사들이 문제를 이야기할 때 간부의 입장에서 해결책을 내주는 것이 우선이 아니라는 사실을 알아야 할 것이다.

내가 군수과장 임무를 수행하고 있을 때 시설물을 담당하던 계원이 공구함을 잃어버렸던 적이 있었다. 실수로 공구함을 수리기사의 차에 실어놓고 내렸다는 것이다. 당시 내가 심리적으로 어려운 상황이었기 때문에 담당 계원의 말을 듣는 순간 머릿속에서는 해당 계원에 대한 실망감과 노여움이 가득 찼다. 침착하지 못한 태도를 따끔하게 지적해주고 평소에 내가 마음에 들지 않았던 것들을 이야기하며 나의 감정을 쏟아내고 싶었다. 하지만 나는 급했던 보고서를 저장하고 계원의 손을 잡고 P.X에 가서 초코우유를 구매하여 같이 먹었다. 내가 속상한 것보다 계원이 입은 마음의 상처가 더욱 클 것이라고 생각했기 때문이었다. 금방이라도 구겨진 눈망울에서 눈물이 흐를 것 같았던 계원의 얼굴에 웃음꽃이 피었고 나 역시 웃을 수 있었다. 그 일 이후에 해당 계원이 업무에 더욱 열중하게 된 것은 당연한 일이었다. 공구함은 퇴근 이후에 서비스센터에 가서 찾아올 수 있었다. 간부로서 판단하고 해결하는 것이 먼저가 아니고 그들의 감정의 채널을 같이 들어주는 것이 먼저라는 것을 배우게 된 날이었다.

문제를 해결하는 것이 먼저가 아니다, 병사들의 이야기를 들어주는 이해가 먼저다. 자신이 처한 문제 상황을 누구보다 잘 아는 이는 병사 자신이다. 그들이 해결할 수 있는 선을 넘었기 때문에 간부를 찾는 것이다. 그렇기에 제일 심장이 까맣게 타들어가는 이도 간부가 아니라 병사인 것이다. 병사들이 잘못할 때의 문제 상황을 다시 떠오르게 해서 자극을 주는 것은 하책이다. 그들의 감정을 경청하고 간부들과 같이 문제를 해결하면서 병사들은 스스로 성장하게 된다. 물론 때때로 병사들의 변화를 기다리기 지루한 순간이 올 때가 있다. 변화를 이끌어 내는 과정은 지루하고 힘들다. 하지만 간부들이 성난 파도를 몸으로 버텨주고 인내한다면 병사들은 간부들이 생각했던 잠재력 이상을 보여줄 것이다.

간부로서 병사들과 대화하면서 지적하고 싶은 것이 많고, 병사들이 모자라 보이고, 병사들의 말을 끊고 내가 하고 싶은 말만 떠오른다면 간부 자신이 병사들보다 뛰어나고 병사들이 모자란 것이 아니다. 오히려 간부로서 그리고 상급자로서 무능한 것이다. 간부 자신이 병사들과 진정한 대화를 나누지 못하고 있는 것이다. 모든 판단을 내려놓고 병사들의 행동에만 집중해보라. 그들의 행동을 이해하고 그들의 감정의 변화를 읽기 위해서 노력하라. 병사들의 성장은 전적으로 간부들에게 달려 있다. 간부들이 올바른 방법으로 공감하고 있다고 병사들이 느낀다면 그들은 모순된 감정이나 생각을 스스로 발견하고 벗어날 방법을 찾을 것이다. 그리고 도움이 필요하면 고민 없이 간부들에게 손을 내밀 것이다. 간부들은 그 손을 잡아주기만 하면 된다.

▶ 자율이라는 유혹 앞에서의 병사들

반항기를 겪고 있는 병사들에게는 자신을 둘러싸고 있는 모든 것이 마음에 들지 않는다. 그렇기에 간부와는 물론이고 인접 전우들과의 관계도 좋지 않다. 자율성의 욕구가 커져서 군이라는 울타리를 벗어나고 싶기 때문이다. 군이라는 체계를 지키고 싶어 하는 간부들은 지속적으로 통제에서 벗어나고 싶어 하는 병사들을 군이라는 체계에 어울리도록 규정과 방침에 맞추어서 지도하고자 한다. 하지만 병사들은 그에 도전하며 어떻게 해서든 자신들이 편한 방향으로 통제를 벗어나기 위해서 움직인다. 간부들은 병사들의 이러한 태도에 위기감을 느끼고 어떤 방식으로든 그들의 움직임을 더욱 통제하기 위해서 노력을 하는 악순환이 계속

되게 된다.

대다수의 간부들이 병사들의 반항기를 인지하였을 때 보이는 반응은 대부분 윽박지르거나 다그치는 것이다. 전통적인 가부장제도 속에서 살아온 간부들은 병사들이 간부들의 지시에 반하는 행동을 하는 것을 자신의 권위에 대한 도전으로 받아들이는 것이 대부분이다. 그렇기 때문에 병사들이 지시를 따르지 않는 것에 대해서 타이르거나 원인을 알아보려 하기 보다는 계급의 우위를 통하여 자신이 생각하는 행동을 병사들에게 강제하는 것이다.

병사들에게 무조건적인 복종을 강요하면 병사들은 더욱 통제에서 벗어나고 싶어 한다. 20대 초반의 병사들은 독립된 인간으로 살아가려는 준비를 하려는 시기이다. 때문에 간부들이 병사들을 올바른 방향으로 이끌어가기 위해서는 강압적이고 독재적인 방법으로 병사들을 끌고 가서는 안 된다. 전통적인 가부장제에서는 유의미하였을지는 모르나 요즘 시대에는 더 이상 그러한 교육은 의미도 없고 교육적 효과 또한 미미하다. 가부장적으로 지시하는 간부들의 지시에 병사들이 따르는 것은 간부들이 두렵고 무섭기 때문이다. 간부들에 대한 두려움이 기반이 된 지휘방법은 병사들에게 불평과 불만을 쌓을 뿐이다. 이런 방법으로는 병사들이 끊임없이 통제에서 벗어나는 악순환을 끊을 수 없다. 언 발에 소변을 누어 추위를 모면하듯 문제의 해결은 없이 현실만을 모면하여 문제를 더 키울 뿐이다. 화내고 윽박지르는 것 말고도 간부가 병사들에게 해줄 수 있는 것은 얼마든지 있다.

간부로서 병사들 앞에서 권위 있기 위해서는 먼저 귀 기울이고 대화 상대가 되어주어야 한다. 그리고 병사들이 간부와의 약속을 지키지 않을 경우 그 결과에 따른 책임을 지도록 해야 한다. 무엇보다 병사들이 간부의 애정과 관심을 느낄 수 있도록 해주어야 한다. 그리고 병사들 스스로가 통제를 따라야 하는 이유에 대해 이해하고 홀로 결정을 내릴 수 있도록 하여줄 때 간부는 진정한 권위를 얻는다. 간부라면 권위적인 간부와 권위 있는 간부의 차이를 분별할 줄 아는 지혜가 필요하다. 간부의 권위가 적절할 때에 군이라는 울타리는 울타리 안에서 모두가 행복할 수 있을 것이다.

20대 초반의 어린 병사들은 스스로도 통제가 힘들다. 그런 상황에서 군 생활이라는 힘든 과제를 그들은 수행하고 있는 것이다. 간부로서 병력들을 너그럽게 바라보고 품어주는 배려가 필요한 시점이다.

세 번째 이야기

★ ★ ★

리더십과
의사소통에 대해서

리더의 역량은 한 조직의 성패를 좌우한다. 이익창출이 주목적인 기업에서 한명의 CEO가 기업매출을 좌우하는 것이다. 도산 직전의 기업이 CEO의 역량으로 위기를 반등의 기회로 삼는 경우도 있으며 잘나가던 기업이 CEO의 잘못된 선택으로 부도를 맞게 되는 경우도 많다. 때문에 대기업의 임원진들은 자신들의 회사를 발전시킬 수 있는 CEO들을 모셔오기 위해 혈안임은 물론이며 임원진들의 권한을 기꺼이 내어줄 정도다. 그만큼 리더의 역량은 조직의 성패를 좌우할 정도로 큰 영향을 끼치는 것이다.

이는 군 또한 마찬가지이다. 부대의 전투력과 병력관리의 질 모두 리더의 절대적인 역량에 달려있을 수밖에 없는 것이다. 또한 군은 사회의 기업과는 다르게 강력한 통제에 의한 상명하복의 조직문화를 가지고 있기 때문에 리더의 역량이 사회조직의 가치보다 월등히 크다고 할 수 있다. 그렇다면 군의 리더로서 가장 중요한 두 가지 덕목은 무엇일까?

군 간부로서 가장 중요한 두 가지 덕목을 고르라고 하면 대부분의 간부가 리더십과 의사소통을 고를 것이다. 필자인 나의 의견 또한 다른 간부들과 크게 다르지 않다. 간부로서 지·신·인·용·엄을 기초로 여러 가지 갖추어야 할 것은 많지만 그 핵심은 결국 군을 이끌어 나갈 수 있는 리더십과 의사소통이다.

본 내용에서 자세하게 다루겠지만 군에서 리더십과 의사소통이 중요한 덕목으로 대두되고 있으나 두 가지 모두 군에서 화두가 된 시간은 그다지 오래되지 않았다. 하지만 작금의 군의 현실에서 리더십과 의사소통을 제외한다면 간부들의 역할은 없는 것이나 마찬가지이다. 그만큼 리더십과 의사소통은 간부인 우리들에게 중요한 덕목인 것이다.

세 번째 이야기를 통해서 군의 리더인 간부들이 어떠한 방법으로 자신의 부대를 이끌어 가야할 지 깊게 생각해 본다면 좋을 것이라고 생각한다.

1. 군 리더십에 대해서

손자병법의 첫 구절은 '병자국지대사야'라는 구절이다. 간단히 해석하자면 '전쟁은 국가의 국운을 좌우하는 중요한 일'이라는 뜻이다. 이처럼 국가의 모든 역량이 집중되며 수만 명 이상의 젊은이들의 생사가 결정되는 전장에서 리더의 역량은 절대적이라고 이야기할 수 있다. 과거의 전쟁사를 살펴보면 천재적인 지휘관의 리더십이 국가의 운명을 좌우하는 장면을 쉽게 찾아볼 수 있다. 한 명의 지휘관이 국가와 국민에게 어떠한 영향을 주는지 알 수 있는 일례라고 이야기할 수 있다. 군 간부인 우리의 리더십이 전쟁의 운명을 좌우하고 전쟁의 승패에 따라서 국가의 존망이 좌우되며 나아가 국가의 존망에 우리 국민들의 생명과 재산이 좌지우지되는 것이다.

간부들은 군의 리더이다. 군에서 간부들 특히 지휘관의 책임은 무한하다고 이야기 할 수 있다. 지휘관이 발휘하는 리더십은 그들의 책임이 무한한 만큼 중요하다. 때문에 군 간부인 우리는 각자 개인의 리더십 역량을 향상시키기 위해서 부단한 노력을 해야한다.

▶ 리더십이란 무엇일까?

사전에 리더(Leader)라는 단어가 등장한 것은 1300년대 초이다. 그리고 리더십(Leadership)이라는 단어는 19세기 초에 등장하였다. 리더십은 플라톤, 시저 등이 남긴 글에서 발견할 수 있으며 중국의 많은 고전에서도 리더십과 같은 의미를 찾아볼 수 있는 것을 보아 그 역사는 무척이나 오래된 것이다.

사실 리더가 가지고 있는 리더십의 정의는 보는 관점과 견해에 따라 다양하게 생각할 수 있다. 하지만 여러 학자의 견해를 살펴볼 때 대부분의 학자들은 리더십이 어떤 주어진 상황 속에서 리더가 목표를 달성하기 위해 조직의 개인 또는 집단의 행동에 영향을 미치는 과정이라는 견해에 대부분 학자들의 의견이 일치하고 있다.

한편 군내에서의 리더십은 '지휘통솔'이라 하여 '부대의 임무 수행을 위하여 부하가 자발적인 충성심, 존경심, 신뢰감, 협동심, 복종심 등을 갖도록 감화시켜 이끌어 가는 기술'로 정의할 수 있다.

대부분의 리더십에 대한 정의들은 '영향력'이라는 개념을 공통적으로 포함하고 있다. 즉, 리더십이란 조직집단에서 한 특정 개인이 조직 구성원들에게 행하는 영향력을 의미하며, 지도성, 지도력, 통솔력 등의 의미로 풀이할 수 있을 것이다.

역사적으로 리더십이라는 용어가 등장한 것은 전략의 개념이 출현한 시기와 비슷하다. 나폴레옹, 클라우제비츠, 조미니가 말한 전략이라는 개념은 이들 시대 이전에는 존재하지 않았다. 전략이라는 용어가 최초로 등장한 것은 1825년이다. 그들 시대 이전에 전략이라는 단어가 존재하지 않은 이유는 전략적 차원의 지휘가 불가능하였기 때문이다. 마찬가지로 리더십이라는 단어 또한 과거에는 중요하지 않았다. 그 이유는 과거의 전장에서는(그리스의 방진 형태와 같은) 리더십을 발휘할 이유도 필요도 느끼지 못했을 것이기 때문이다. 두 부대가 만나서 교전이 일어나면 장졸의 구분 없이 뒤엉켜 싸우다가 승부가 결정되면 후퇴하는 것이 과거의 전장의 모습이었다. 그렇기 때문에 이 시기의 전쟁에서 지휘관이 뛰어난 리더십을 발휘한 예는 찾아보기 힘들다.

군 리더십의 개념이 본격적으로 발전된 것은 1, 2차 세계대전 이후의 일이며 주로 미군에서의 연구를 통해 군 리더십의 개념이 발전되었다.

군 리더십의 등장은 전장 양상의 변화에 기인하였다고 볼 수 있다. 1, 2차 세계대전 동안 괄목할 만한 군사 분야의 변화는 통신의 발달과 전쟁의 광역화인데 이 시기를 전후로 하여 전쟁 양상은 급변하기 시작하였으며 군 리더십 패러다임의 변화 또한 필요하게 되었다.

프레드릭 대제에 의해 군의 규모가 점차 조직화됨에 따라 관료주의적 모습을 군이 보여주게 되었다. 또한 군의 필요에 따라 전문 직업군인의 출현과 더불어 유능한 장교에 의한 체계적인 지휘가 필요하게 되었다.

어떤 리더가 효과적인 리더인가를 알아내기 위한 연구는 1950년대를 전후로 하여 주로 미군에서 본격적으로 군 리더십 연구가 시작된 이후에 계속 되었다. 군 리더십은 기본적으로 일반적인 리더십의 원리가 동일하게 적용된다고 볼 수 있다. 그러나 일반 사회의 리더십과 비교하였을 때 다음과 같은 차이가 있다.

첫째, 군이란 계급과 권위를 바탕으로 하는 위계적 조직문화를 가지고 있다. 때문에 다소 권위적이고 경직된 모습을 보여주는 경우가 많다.

둘째, 군대조직은 민간조직과 비교하여 '조직의 존재목적이 분명하며, 권위주의와 위계질서, 조직의 집단성, 조직의 자족성, 강제적 규범'이 강요된다.

셋째, 군대조직은 특수한 목적을 위하여 특수한 상황과 조건 하에서 특수한 방법으로 임무를 수행해 나가는 통일적 집단이다.

위와 같은 군과 일반 사회의 리더십 환경의 차이는 다음의 내용으로 보다 구체적으로 설명할 수 있다.

첫째, 군 리더십은 극한 상황을 대비하기 위해 존재한다. 일반사회와 달리 군의 리더십은 생과 사의 갈림길과 같은 극한 상황을 대비하기 위하여 존재한다. 이로 인해 군 리더십은 손자병법에서 지·신·인·용·엄으로 소개하였듯 엄격과 관용, 신중함과 단호함, 상과 벌 등의 상극적인 요소를 적절히 조화시켜야 할 필요가 있다. 또한 군의 리더는 책임자로서의 추진력을 구비하고 복잡한 사태를 분석하고 신속하게 결심할 수 있는 통찰력을 가져야 한다.

둘째, 군 리더십은 과정보다 결과를 중요시 한다. 결국 군의 존재 이유는 전쟁을 억제하고 유사시에는 전쟁 혹은 전투에서 승리하는 것이 궁극적인 목적이기 때문이다.

셋째, 군 리더십은 리더의 높은 윤리성과 도덕성을 필요로 한다. 군은 절대적인 무력을 관리 또는 유지하며 더욱 더 큰 무력을 추구하는 기능을 수행하기 때문에 군 리더는 그 어느 집단의 리더 보다도 높은 도덕성과 윤리성을 필요로 한다. 이는 초급간부에게도 동일하게 적용되며 무기체계의 가속적 발전으로 말미암아 점차 각개 전투원의 전투력이 커지는 시점에서 더더욱 초급간부의 높은 도덕성과 윤리성은 강조된다 하겠다.

▶ 군 리더십 환경의 변화

사회가 직면하고 있는 변화의 물결을 군이라고 해서 피해갈 수는 없다. 과학기술의 발달에 힘입어 군 또한 정보화, 과학화, 첨단화를 추구하여 많은 측면이 과거에 비해 변화하고 있다. 지식과 기술의 전문화, 기능의 다양화, 기술의 발달로 인한 무기체계의 획기적인 변화, 전장 환경의 불확실성 증가, 구성원 개개인의 욕구 만족과 조직 목표 간의 갈등 등은 현재 우리 군의 리더가 효과적으로 풀어야 할 현실적인 중요 과제들 중의 하나이다. 군 리더십 환경의 변화는 다음과 같이 크게 네 가지로 정의할 수 있다.

첫째, 정보화의 영향으로 변화가 급속도로 끊임없이 일어나고 있다. 때문에 현상 유지가 가능한 관리역량으로는 부족하고, 변화에 대응하여 조직을 발전시킬 수 있는 기획과 조정능력을 리더는 가지고 있어야 한다. 변화의 시기에 리더는 조직 전체가 추구해야 할 방향을 신속하고 정확하게 포착하여 구성원의 힘을 결집시킬 수 있는 능력을 가져야 한다.

둘째, 무기체계와 전쟁 양상이 변하고 있다. 전장의 유동성과 예측 불가능성으로 인하여 군 리더에게는 철저한 사전계획 수립능력보다는 유연한 대응능력의 중요성이 커지고 있다.

셋째, 국민의 안보관이 변화하고 있다. 특히 젊은 층에서는 북한을 주적으로 명시하지 말아야 한다는 의견을 가진 청년 또한 많아지고 있다. 이러한 의식변화로 인하여 병력관리 상의 상당한 어려움이 초래되고 있다.

넷째, 군 리더십 환경과 관련된 가장 중요한 변화는 근래의 병사들이 군에 대해 가지고 있는 기본 인식이 종전과 크게 다르다는 점이다. 이전에는 군 복무가 당연시되었으나 양심적 병역거부, 대체복무제 도입 등이 논의되는 오늘날 청년들은 왜 의무적으로 군 복무를 해야 하는지에 대해서 의문을 가지고 있다. 또한 징병제의 특성상 병사로 군 생활을 하는 인원들의 복지를 보장해주기 어려운 것이 한국군의 현주소이다. 이에 따라 병사들에게 군 생활에 대한 동기부여를 하기 어려운 것이 사실이다.

군 복무가 가치 있고 의미 있는 것이라는 생각이 없는 상황에서 외적인 강요에 의해 군 생활을 시작하는 병사들은 군에서 자존심을 깎아내리는 언어폭력을 접할 때 이를 즉각 정서학대라고 받아들여 강하게 반발하거나 극소수는 극단적인 행동까지 저지르기도 한다.

근래의 병사들은 높은 수준의 교육을 받으며 사회활동을 경험한 비율이 종전에 비해 크게 높아졌으며, 이들은 명령에 복종하기보다 합당한 설명을 요구하는 경우가 많다. 계급만으로 모든 서열이 정해진다고 생각하지 않으며 내용의 합당함이 상호간 신뢰의 우선이라고 생각한다. 자신이 수긍할 수 없는 지시에 대해서는 거부하거나 소극적으로 이행하기도 하고 때로는 상급기관 등에 고발하기도 한다. 하지만 반대로 스스로가 납득을 한 경우에는 목표달성을 위해 최선을 다하여 의욕적으로 매진한다.

병사들은 이전에 비해 개인주의적 성향이 강하여 권위주의나 집단주의적인 문화에 대해 매우 부정적이고 저항을 한다. 스스로가 군에 적응하려고 하기 보다는 군을 자신이 생각하는 기준에 맞추려고 하기 때문에 간부와 마찰을 맺는 경우가 잦다. 때문에 단체 정신의 미비, 상급자와의 갈등, 군 조직 체계의 대한 거부, 군기의 이완 등의 문제점이 군 내·외부에서 지적되는 것이다.

이처럼 종전과는 기본 성향에서부터 동기가 부여되는 과정까지 큰 차이를 보이는 병사들과 임무를 수행해야 하는 간부들(특히 초급간부)로서는 종전과 달라진 병사들에 대해 새로운 리더십을 개발하는 것이 필요하다.

최근 군내에서도 종전에는 무시되거나 금기시되었던 병사들의 개인적 욕구나 의사의 표출에 대한 인식이 변화하고 있다. 강한 군을 만들기 위해서는 강력한 통제에 의해 조직을 일사불란하게 움직이는 것만 중시할 것이 아니라 병사들의 사기를 증진시키는 것이 중요하며 이를 위해서는 병사 개인의 욕구를 가능한 범위 내에서 충족시키고 의사표출의 범위를 확대하는 것이 필요하다.

병사들의 개인차에 대한 인식에서도 변화가 나타나고 있다. 즉 각자가 가진 역량을 최대한으로 발휘하도록 하기 위해서는 모든 병사들을 획일적으로 보고 종전의 방식에 의해서 업무를 수행하도록 하기 보다는 더 나은 방식에 대한 의견을 제시함으로써 업무의 개선과 조직의 발전을 기해야 한다는 것이다. 이에 따라 한 때 부정적으로 인식되었던 개인차가 오히려 조직발전의 요인으로 긍정적 측면을 인정받고 있는 실정이다.

종전에는 획일화되고 일방적인 지시만으로도 조직을 통솔할 수 있었다면, 달라진 군의 환경에서는 한층 유연하고 쌍방향적인 조정능력이 요구된다.

오늘날의 군에서는 자유롭게 사고할 수 있는 분위기, 자신의 실수를 부담 없이 인정할 수 있는 분위기, 실험정신이 크게 칭찬 받을 수 있는 분위기, 그리고 모험정신에 찬사를 보낼 수 있는 분위기 조성을 통하여, 군은 규격화된 틀에서 과감히 탈피하여 새로운 미래를 구상하고 과거에는 상상할 수 없었던 것까지도 생각할 수 있는 분위기를 조성하는 중이다. 때문에 이에 맞게 간부들의 리더십 또한 변화가 요구되고 있다. 특히 병사들과 직접 소통해야 하는 중대급 이하의 초급간부들에 대한 리더십의 모습의 변화가 가장 시급하다고 이야기할 수 있다.

▶ 초급간부의 대화상 문제점

초급간부가 병사들과의 관계에서 리더십을 발휘하기 위해서는 가장 중요한 것은 병사들과 대화를 원활하게 하는 것이다. 하지만 초급간부들과 병사들 사이의 대화는 생각보다 쉽고 원활하지만은 않다. 그렇다면 초급간부와 병사들 간의 대화를 가로막는 문제점은 어떤 것들이 있을까?

첫째, 간부로서 자신들이 지휘하는 병사들을 사랑하지 않는 이는 없을 것이다. 하지만 초급간부들은 면담기법에 대해서 경험이 부족하여 이론적으로 아는 내용을 원활히 적용하지 못한다. 때문에 병사들의 사소한 문제를 해결함에 있어서도 경험이 부족한 초급간부들에게는 조치하기 어렵고 지체될 수 있는 것이다. 이러한 초급간부들의 일천한 경험 때문에 병사들이 초급간부들과 대화를 기피하고 지휘관과 직접 대화하거나 혹은 표현하지 못하고 속으로 삭히게 되는 것이다.

둘째, 초급간부로서 다소 권위적인 모습으로 인하여 병사들이 다가가기 꺼려 하여 대화가 어려워질 수 있다.

셋째, 초급간부들이 주로 생각하는 대화의 창구와 병사들이 생각하는 대화의 창구가 상이한 것 또한 문제가 될 수 있다. 병사들은 초급간부들이 점호시간이나 체력단련 시간 등등 비공식적이고 일상적인 상황에서 자신들의 이야기를 많이 들어주길 바라지만 초급간부들은 병사들이 면담이나 마음의 편지 등등의 공식적인 방식으로 대화하고자 한다. 이렇듯 초급간부들과 병사들 사이에 사용하는 대화의 창구가 다른 것 또한 대화를 가로막는 장애물이 될 수 있다.

넷째, 최근 사회 분위기와 각종 인권정책의 추진으로 군내 병사들의 인권의식이 높아졌는데 초급간부들의 병사들에 대한 대우는 큰 변화를 보이지 않는 것 또한 문제이다. 초급간부의 권위주의적인 계급의식과 업무의 효율성을 고려하지 않은 비효율적인 업무수행과 지시에 대한 무조건적인 복종의 요구 등은 상호 간의 대화뿐만 아니라 업무성과에 부정적인 영향을 미치는 요인이다.

이러한 여러 가지의 원인이 결합되어 발생하는 초급간부와 병사들의 대화 단절 현상은 때로는 서로를 이해하지 못하고 적대시 하는 원인이 되어 군 내부의 갈등과 반목을 야기 시킬 수 있으며 단합과 단결을 와해하고 효과적인 목표달성에 문제점이 될 수가 있다.

이와 같은 초급간부들과 병사들 사이에 일어나는 대화의 문제점은 다음과 같은 방법으로 해결될 수 있을 것이다.

첫째, 병사들이 초급간부들과 허심탄회하게 대화할 수 있도록 부대의 분위기를 조성하는 것이 중요하다. 부대의 분위기가 상급자에게 이야기하지 못할 정도로 긴장되고 경직되어 있으며, 병사들의 행동 하나하나를 억압하는 분위기라면 초급간부와 병사들 간의 대화는 물론이고 다른 부대의 활동 역시 억압되고 경직될 것이 분명하다.

둘째, 초급간부들의 권위적인 의식을 개선해야 한다. 병사들의 의견을 경청하기 위해서 노력해야 할 초급간부들이지만 그들의 경험이 부족하여 양성기관에서의 선·후배사이를 병사들과 자신의 사이에게 적용하여 권위적인 태도를 보이는 경우가 많이 있다. 하지만 요즈음의 병사들은 이러한 권위주의적인 리더에게 복종하기보다는 반발하기 때문에 초급간부들은 권위주의적인 태도를 버리고 병사들에게 한 걸음 더 다가가야 할 것이다.

초급간부들은 병사들과 원활하게 대화하는 것이 임무 수행을 하기 위해서 선행되어야 하는 과제임을 명심해야 한다. 병사들이 자신들에게 다가와서 먼저 이야기하는 것은 그들이 건방지고 개념 없는 것이 아니다. 오히려 대화를 먼저 시도하는 그들의 용기 있는 행동에 칭찬하고 같이 공감해야 한다. 초급간부들의 대화에 대한 인식의 전환이 필요한 시점이다.

▶ 초급간부 군 리더십의 문제점

최근 사회가 변화하면서 군의 모습 또한 변화하고 있는데 이 때문에 군에서 간부들에게 요구하는 리더십의 모습 또한 변하고 있다. 이처럼 군에서 요구하는 리더십의 모습이 변화함에 따라서 많은 간부들이 갈등을 겪고 있는 것이 군의 현재 모습이다. 이러한 모습은 군 생활을 시작하는 초급간부에게도 발견할 수 있는데 초급간부들의 군 리더십의 문제점은 다음과 같다.

첫째, 초급간부들이 군에서 보여주는 리더십의 모습은 주로 자유방임형 리더십이 높게 나타난다. 병사들을 믿고 바라보는 것이 아닌 방임적 태도는 병사들의 자발적인 의지가 떨어지는 대한민국 군의 특성상 대단히 위험함은 물론이며 군의 지휘체계를 문란하게 만드는 원인일 수 있다. 초급간부들은 병사들에 대한 세심한 배려로 병사들이 군이라는 특수한 환경에 효율적으로 적응할 수 있는 대책을 강구해야 할 것이다.

둘째, 초급간부들의 권위적인 태도로 인하여 병사들과 마찰을 발생하는 것 또한 문제이다. 권위적인 태도는 병사들에게 자발적이고 자율적인 참여를 제한하는 결과를 초래함으로 병사들의 군 생활의 만족감을 저하시키는 원인으로 작용한다.

셋째, 초급간부의 자신감이 결여되어 우유부단한 리더십을 보여주는 것 또한 문제이다. 병사들과의 관계에서 우유부단한 모습을 초급간부가 보여준다면 병사들은 초급간부에 대한 존경과 신뢰를 잃을 것이다.

그렇다면 이러한 문제를 보여주는 초급간부의 리더십을 보완하기 위해서는 어떠한 방법이 있을까?

첫째, 초급간부들의 부족한 통찰력을 인정하고 그들이 업무를 진행하는데 도움을 줄 수 있도록 지휘관과 참모들이 도와주어야 한다. 그리고 그들이 자신감을 가질 수 있도록 시간을 가지고 지켜봐야 한다. 초급간부들이 자신들 앞에 주어진 업무를 완벽하게 수행할 수 있다면 좋겠지만 그럴 수 있는 초급간부는 거의 없다. 때문에 주변의 사랑과 관심이 무엇보다 필요하다.

둘째, 초급간부들에게 병사들을 훈육하는 것에 대한 실전적인 교육이 이루어져야 한다. 초급간부들이 양성기관을 떠나서 야전을 경험하면서 가장 먼저 경험하는 것은 병사들을 대하는 것에 대한 어려움이다. 하지만 양성기관에서는 병사들을 어떻게 훈육해야 하는 지 보다는 무기체계와 전술 등을 주로 학습하게 된다. 그렇기 때문에 병사들을 훈육하는 것에 초급간부들이 서툴지 않을 수 없다. 이러한 원인을 해결하기 위해서는 양성기관에서 병사들에 대한 군 리더십을 적극적으로 교육해야 할 필요성이 있다.

셋째, 초급간부들에게 권한과 책임이 지금보다 더 부여되어야 한다. 얼핏 생각해 보면 경험이 부족한 초급간부들에게 권한과 책임을 확대해야 한다는 의견은 어불성설이라고 생각될 수 있다. 하지만 징병제를 채택하고 있는 우리 군의 현실상 병사들에게 동기부여를 하기는 쉽지 않다. 더

구나 초급간부들의 제한적인 권한과 책임으로는 병사들을 적극적으로 지휘하기가 쉽지 않다. 때문에 초급간부들에게 더 큰 권한과 책임을 부여하여서 그들이 병사들에게 동기부여를 과감하게 할 수 있도록 하여야 할 것이다.

군은 그 특성상 절체절명 위기의 상황에서도 단 한 명의 뛰어난 리더에 의해서 전쟁에서 승리할 수도, 패배할 수도 있다. 때문에 훌륭한 리더의 역량은 그만큼 중요한 것이며 이러한 리더를 양성하는 것은 국가의 존망이 달린 중대한 문제인 것이다.

따라서 군의 초급간부에 대한 효과적인 리더십 교육은 군의 새로운 군사적 전통을 세우고, 정예 강군으로 거듭날 수 있는 한 방법이 될 것이며 장차 미래의 대한민국을 선도하는 역할을 할 수 있는 인재를 확충할 수 있는 방법이 될 것이다.

2. 모든 것의 시작은 의사소통

앞에서 리더십에 대해서 다루었지만 리더십을 발휘하기 위한 가장 중요한 도구는 바로 의사소통이다. 소대장이 팔굽혀펴기를 120개 할 수 있는 능력이 있다 하더라도 그것을 소대원에게 가르쳐줄 수 있는 의사소통을 할 수 없다면 소대장의 능력은 오직 자신에게만 유효한 것이다. 하지만 소대장이 의사소통을 통해서 자신의 노하우를 소대원들에게 전달할 수 있다면 리더 한 명의 역량이 30명의 능력향상으로 이어질 수 있는 것이다.

위의 예에서 알 수 있듯이 리더의 능력이 출중하더라도 의사소통이라는 수단이 없다면 그 능력은 조직에 큰 의미가 없을 것이다. 때문에 군의 리더인 간부들은 의사소통능력을 향상시키기 위한 노력을 해야 함은 물론이다.

▶ 의사소통의 정의

의사소통을 의미하는 영어단어인 Communication은 라틴어 Communis를 어원으로 하고 있다. 이 Communis라는 라틴어의 뜻은 공통성, 공동을 의미한다. 이러한 어원의 의미를 통해 의사소통이라는 단어를 분석해 보면 2명 이상의 사람들 사이에 서로 공통성을 만들어내는 과정이라고 정의할 수 있을 것이다. 더 자세히 풀이해 보자면 의사소통이란 '2명 이상의 사람들 사이에서 오고가는 의견, 정보, 감정 등의 교류를 통하여 공통적 이해를 구축하고 의식과 태도, 행동 등 수신자의 변화를 일으키게 하는 일련의 행동'이라고 할 수 있다. 때문에 일정한 정보와 지식을 타인에게 의사소통을 통하여 전달하기 위해서는 일방적으로 전달만 해서는 안 되며 상호 간의 소통을 통하여 정보와 지식을 전달해야 한다는 것을 인식하여야 한다.

여러 사람이 모여 있는 집단 내에서 구성원 간에 일정한 주제에 대해서 공통적인 이해가 선행되지 않는다면 의사소통은 정상적으로 이루어질 수 없으며 수용자가 의사소통을 행한 사람의 의도를 이해했을 때 비로소 의사소통이 이루어졌다고 할 수 있다. 따라서 의사소통은 집단생활을 하는 인간의 특성상 인간관계에서 가장 중요한 관심사항이라고 할 수 있다. 특히 군과 같은 폐쇄된 집단 내에서의 구성원 간의 관계에서는 의사소통이 다른 조직에서의 의사소통보다 더욱 중요하다.

의사소통은 2명 이상의 사람들이 모인 조직에서 상호 간 입장을 이해함으로써 조직이 일체가 되게 하는 중요한 인간관계의 매개체이다. 또한 조직 내에서 인간관계를 만족스럽게 유지하기 위해서는 효과적인 의사소통이 필수불가결하며 언제나 의사소통이 가능할 수 있도록 창구를 열어두고 상호 간의 속마음을 스스럼없이 이야기할 수 있는 분위기가 보장된 상태에서 끊임없이 상호작용을 해야 할 필요성이 있다.

때문에 군 내부에서의 원활한 의사소통은 결국 구성원의 복무의지 향상은 물론이며, 부대 성과를 극대화 시키고, 군기를 유지하며, 건강하고 자율적인 부대를 조성하는 데 중요한 역할을 수행한다.

군의 구성원인 우리들은 내무 생활을 하면서 대부분의 시간을 말하고, 듣고, 읽고, 쓰는 등등의 의사소통을 하면서 보낸다. 때문에 군 조직에서의 의사소통의 실패는 인간의 몸과 비유할 때 혈액순환계통의 동맥

경화와 같다고 할 수 있다. 군이 공동의 목표를 향해서 구성원들 모두가 같이 집중하기 위해서는 구성원들 간의 의사소통이 원활히 이루어지는 것이 첫걸음이다. 군내에서의 모든 구성원은 의견교류나 의사소통을 통해서 서로를 이해하고 필요한 정보를 교류하면서 공동의 목표에 기여할 수 있다.

군에 있어서도 의사소통이 원활하게 이루어진다는 것은 곧, 군의 목표 달성을 위한 구성원들의 활동이 서로 통합되고 조정되고 있다는 의미이다. 우리 군을 구성하고 있는 조직원들은 인간이라는 정서적 존재이기 때문에 의사소통의 방식이 서로의 이해관계와 군의 목표달성에 영향을 미칠 수 있는 것이다. 그렇기 때문에 군이 하나로서 존재의 목적을 달성하기 위해서는 원활한 의사소통이 필수불가결하다고 할 수 있다.

의사소통은 조직운영에 매우 밀접한 관계를 가지고 부대를 관리하는 과정에서 통제, 지시, 보고, 계획에 이르기까지 효과적인 업무의 수행을 위한 각종 전달과 건의 등에 이르기까지 모든 활동에 접목되는 필수적인 요소이다. 그 이유는 군의 구성원들이 주어진 시간 내에 부여된 업무를 얼마나 효율적이고 효과적으로 달성하는지에 대한 필요한 모든 사항은 의사소통을 통해서 전달되어야 하기 때문이다. 이에 따라 군의 리더는 목표달성에 가장 중요한 핵심은 무엇이며, 누구에게 먼저 전달되어야 하며, 언제 어떠한 방법으로 전달되는 것이 가장 바람직한지에 대해서 철저한 습득 및 이해를 하고 있어야 한다.

군내 의사소통 과정에서 상급자는 하급자에게 임무 부여 시 기간 내 달성할 수 있는 여부와 필요한 사항을 정확히 지시하여야 하고, 지시받은 하급자는 임무완수를 위해 정확한 통제와 보고를 실시하여야 한다.

현장에서 보고 받고 결심하여 하급자가 더 많은 고민을 하지 않고 올바르게 마무리할 수 있도록 상급자는 명확한 임무 부여를 하여야 효율적인 의사소통이 될 수 있다.

의사소통은 인간관계를 맺고 그 관계를 계속 유지하고 조직을 발전시키는 데 절대적으로 필요하다. 또한 전달자의 생각이 수신자에게 전달되는 의사소통의 과정에서 일어나는 의미 왜곡의 문제와 잡음, 감정적 의사소통은 조직의 오해와 갈등을 일으킬 수 있다. 의사소통은 우리가 삶을 살아가면서 서로간의 대화와 소통을 통하여 학습, 공감, 이해, 상호작용, 정보교환 등의 관계를 형성하는 수단이라고 할 수 있다. 원활한 의사소통은 조직 상호 간의 불안감을 해소하고 서로의 신뢰와 공감대를 형성하여 조직의 화목과 효과성에 결정적인 중추적 역할을 한다고 볼 수 있다.

▶ 조직 의사소통

조직 의사소통이란 조직의 특정한 상황 속에서 조직과 각 구성원들의 목적이나 목표를 서로 마음과 힘을 합하여 달성하기 위해 규칙을 바탕으로 조직 내에서 이루어지는 대인 의사소통, 집단 의사소통을 통칭하는 말이다. 즉, 조직과 환경간의 정보대사과정이라고 볼 수 있다.

이러한 조직 의사소통의 기능은 조직 내부에서 인간관계의 기능과 조직유지기능을 구성한다고 볼 수 있다. 조직 의사전달은 타인과의 관계를 떠나서는 시행될 수 없고, 조직 속에서 구성원들은 서로를 이해하며 조화와 화목을 추구하면서 원활한 조직 내 의사전달을 실시하여 업무적·창의적·정서적인 의사소통을 시행하여야 한다. 조직 의사소통은 조직 내·외부, 또는 조직 간 서로 연결시켜주는 통로의 역할로 조직을 유지하고 목표달성의 핵심적인 역할을 하고 있다고 볼 수 있는 것이다.

조직 의사소통의 기능은 조직 개혁의 필요성을 인식해서 적절한 개혁을 채택하겠다는 결정의 과정이며, 의사소통을 통한 협동과 통제는 결정을 실행하는 단계에서 필수적인 수단이다. 또한 조직 내 갈등을 최소화하여 사회화와 유지기능과 조직을 정상적으로 움직이는 기능을 한다.

조직이 효과적인 목적을 달성하는 데 합리적인 의사소통은 필수적이고 조직 내에서 일반적으로 의사전달은 다음의 기능을 수행한다.

첫째, 조정 및 통제를 위한 기능이다. 일정 조직에는 조직 구성원들이 따라야 하는 리더와 공식적인 지침인 규정과 규범이 존재한다. 이는 의사소통을 통해서 조직 구성원들에게 전달되며 각 구성원의 행동을 통제하게 된다.

둘째, 조직 구성원들의 동기를 유발시키고 촉진하는 기능이다. 의사소통을 통하여 구성원은 실시해야 할 일이 무엇인지를 알게 되고, 자신이 지금 일을 잘하고 있는지를 알 수 있으며 자신의 직무 성과를 개선 및 발전하기 위해서는 어떻게 해야 하는지를 알 수 있다. 즉, 구체적 목표를 설정해 주고 진행 상황을 환기하여 줌으로써 구성원들이 바람직한 행동을 할 수 있도록 하는 동기부여의 기본 과정에서 의사소통은 촉매제의 역할을 수행한다.

셋째, 사회적 욕구 충족 기능이다. 의사소통을 통해 조직 구성원들은 자신의 감정을 표현하며 다른 사람과의 교환 및 교류를 넓혀 나가고 사회적인 욕구를 충족시킨다.

넷째, 정보 전달의 기능이다. 의사소통은 개인과 조직에 정보를 전달함으로써 의사결정의 촉매제 역할을 한다.

다섯째, 조직체의 유지기능이다. 조직은 그 조직 속에 활동과 여러 하부집단의 상호작용 및 협동을 통해 유지가 된다. 이러한 유지활동이 지속적으로 되기 위해서 의사소통을 통하여 하부집단의 정보와 의사를 전달하는 기능이 원활히 이뤄져야 한다.

성공적인 조직은 조직 내에서 구성원 간의 의사소통이 활발하다는 공통점이 있다. 의사소통을 통해서 조직 구성원들의 생각이 공유됨은 물론이며 의견의 교환을 통해 조직의 발전이 원활히 이루어지기 때문이다. 군 역시 마찬가지이다. 상급자의 의견만을 중시하고 하급자의 의견을 묵살하던 과거의 군의 모습을 과감히 탈피하여 원활한 의사소통을 통하여 군의 생산성을 증대시켜야 할 것이다.

▶ 조직 의사전달의 유형

조직 의사전달의 유형은 공식적 의사전달과 비공식적 의사전달로 분류할 수 있고, 공식적 의사전달은 하향적 의사전달, 상향적 의사전달, 수평적 의사전달로 나눌 수 있다.

하향적 의사전달은 조직 위계와 계층구조를 따라 상급자로부터 하급자에게 명령과 지시, 성과 표준, 방침 등이 전달되는 의사소통을 말하며, 다른 유형에 비해 빈도가 가장 높다.

상향적 의사전달은 하급자의 성과 보고에서부터 의견이나 제안, 태도, 고충 등 상향적 의사전달에 이르기까지 매우 광범위 하다. 상향적 의사전달은 조직에서 상·하급자 간의 쌍방적 의사전달을 가능하게 하고 오류를 시정하는 장점이 있는 반면에 단점으로는 전달자가 자발적으로 정보를 왜곡시키는 여과 효과에 의하여 정확성이 왜곡될 가능성이 있다. 즉, 하급자들은 상급자의 문책이나 질책을 우려하거나, 상급자의 귀를 즐겁게 하기 위하여 중요하거나 부정적 정보들을 임의로 상당량을 걸러내고 전달하는 경우가 많다 할 수 있다.

수평적 의사전달은 구성원이나 조직부서 간의 의사전달을 의미하는 것으로 조직의 위계 수준이 같아 상호작용적 의사전달이라고도 한다. 하향적인 정보, 메시지의 흐름이 대부분 권위적인데 비해서 수평 흐름에 의한 정보, 메시지의 내용은 주로 협동적인 성격을 띠고 왜곡의 정도도 덜하다. 근래에 와서 수평적 의사전달의 중요성이 크게 인식되어 왔는데, 그 이유는 각 조직 구성원 간이나 부서 간의 갈등을 조정하고 관리하는 활동을 강화함으로써 조직의 목표 달성이 보장되기 때문이다.

군과 같은 계급과 계층구조가 분명한 조직은 의사전달과정에서 하향적 의사전달과 상향적 의사전달을 빈도 높게 사용하게 된다. 그 과정에서 특히 상향적 의사전달 시 상급자의 질책이 두려워 정보를 왜곡과 누락하여 전달할 위험에 노출되어 있다.

비공식적 의사전달은 의사전달의 과정이 자연스러운 물의 흐름과 같은 속성이 있어 조직도표와 같이 정해진 통로로만 흐르게 할 수는 없다. 조직 구성원들은 직업의 종류와 계급을 넘어서 인간적인 유대, 예를 들어 감정적인 친지 관계나 학연, 지연, 입사 동기 등의 관계를 기반으로 자생적인 의사전달을 유지하게 되는데, 이러한 비공식적 의사전달체계 혹은 경로를 흔히 소문이나 풍문이라고 부른다. 소문이나 풍문은 이를 통해 흐르는 정보의 내용이 신뢰하기 어려운 루머의 형태인 데다가 의사전달 과정에서 관리자들에게는 왜곡의 소지가 많아 경원시 되어 왔다. 그러나 소문이나 풍문이 자연적으로 발생하지 않는 조직은 없다. 때문에 조직의 리더는 이러한 소문이나 풍문과 같은 비공식적 의사전달을 이해하고 적절히 통제할 필요가 있다. 비공식적 의사전달의 특징은 공식적 의사전달에 비해 매우 전달 속도가 빠르며, 또한 융통성을 겸비하고 있다는 특징이 있다.

수평적 의사소통이 중요한 것은 조직 구성원 간의 활발한 이해관계의 증진을 촉진하고 조직 활성화에 기여하게 되기 때문이다. 또한 이는 상·하급자의 신뢰관계를 증대시켜 의사소통 활성화에 긍정적인 영향을 줄 수 있다.

의사소통은 다각적으로 다양하게 열려있어야 조직구성원들 간의 더 나은 의사소통을 도모할 수 있다. 또한, 어느 쪽이든 의사소통이 막히면 호흡이 정지되는 것과 같은 현상이 발생하므로 조직 의사소통은 상향적과 하향적, 수평적, 그리고 다각적으로 모두 열어놓고 어떤 경로로 메시지가 흘러가더라도 왜곡이나 잡음을 줄일 수 있도록 조직 구성원들은 노력해야한다. 이러한 의사소통의 구조를 다각적 의사소통 또는 열린 의사소통이라고 정의할 수 있다.

수평적 의사전달은 위계질서가 강한 군 조직의 특성 상 빈도 낮게 사용된다고 볼 수 있기 때문에 군 조직 내 의사전달 유형에 주로 사용해야 할 모형은 다각적 의사소통과 쌍방향 의사소통이라고 할 수 있다.

▶ 조직 의사전달 네트워크

　조직 내에서의 의사전달형태는 여러 가지로 분류할 수 있다. 지금까지 개인 간의 의사전달에 대해 주로 이야기했는데, 지금부터는 조직 내 의사전달에 대해 이야기해 보고자 한다. 특히, 조직 내 존재하는 여러 집단 간의 정보흐름에 대해 중점을 두고 생각해 보자.

　의사전달 네트워크라 함은 '조직 구성원들 간에 이뤄지고 있는 반복적이며 재현적인 상호작용의 패턴'을 말한다. 결국 네트워크라는 것은 조직과 개인 사이를 매개하는 묶음이라 볼 수 있으며, 의사전달 네트워크는 크게 네 가지 형태로 나눌 수 있다.

　먼저, 원형 네트워크는 집단 내 구성원은 자신의 인근 사람과는 의사전달을 하지만, 다른 사람들과는 의사전달이 되지 않는 형태이다.

　둘째, 윤형 네트워크는 수레바퀴의 바퀴살에서 반대편에 있는 사람과 수레바퀴의 중간에 있는 사람들 사이에 정보가 전달되는 형태이다.

　셋째, 연쇄형 네트워크는 집단 내 구성원은 자신의 직속상사나 직속부하와의 의사를 전달하고, 그 위나 아래와는 의사가 전달되지 않는 형태다.

　넷째, 개방형 네트워크는 모든 구성원이 다른 모든 구성원과 의사전달을 하는 형태다.

의사전달 네트워크의 형태

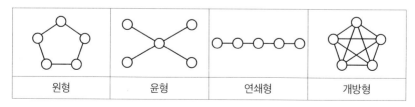

| 원형 | 윤형 | 연쇄형 | 개방형 |

의사전달 네트워크와 조직 행위

네트워크 조직 행위	연쇄형	윤형	원형	개방형
권한의 집중도	높음	중간	낮음	매우 낮음
의사전달의 속도	중간	단순과업: 빠름 복잡과업: 늦음	모여 있는 경우: 빠름 떨어져 있는 경우: 늦음	빠름
의사전달의 정확성	문서: 높음 구두: 낮음	단순과업: 높음 복잡과업: 낮음	모여 있는 경우: 빠름 떨어져 있는 경우: 낮음	중간
집단의 만족도	낮음	낮음	높음	높음
의사결정의 속도	빠름	중간	늦음	
결정에 대한 집단의 몰입 정도	낮음	중간	높음	

　　의사전달의 네트워크는 조직마다 다른 형태를 보인다. 조직의 특성과 임무에 따라 알맞은 네크워크의 형태를 선택할 수 있는 조직 내의 리더의 지혜로운 결정이 조직의 성패를 결정할 수 있다고 볼 수 있다.

▶ 조직 의사전달의 만족

　　의사소통의 만족도는 결국 조직 구성원들의 조직에 대한 만족도와 일맥상통하다고 이야기할 수 있다. 의사소통의 만족이란 의사전달의 과정에 참여하는 송수신자들의 의사 소통의 매체와 수단, 분위기와 결과 등에 관한 긍정적인 느낌의 척도를 의미한다. 조직 내에서의 의사소통만족 요인을 조직 내 구성원들의 지각과 태도에 기초로 하여 정보 흐름에 관련된 변인들을 포함하여 다음과 같이 여덟 가지로 구분할 수 있다.

첫째, 의사소통 풍토에 대한 만족도는 개인이나 조직 차원에서 일반적인 의사소통 환경에 대한 반응을 뜻하는데, 조직 내에서 오랜 시간을 거쳐 형성된 의사소통 분위기의 개방성 정도를 의미한다.

둘째, 상급자와의 의사소통에 대한 만족도는 상급자가 조직원들의 문제를 경청하고 하급자의 의견에 대하여 상급자가 개방하여 줌으로써 문제 해결을 돕고, 그것이 조직에 발전과 이어질 수 있도록 하는 상급자의 태도를 의미한다.

셋째, 미디어의 질에 관한 만족도란 의사소통 매체에 대한 만족 정도를 말하며 조직 내에서의 의사소통의 도구가 명확한지, 의견이 원활히 전달되고 있는지를 의미한다.

넷째, 수평적 의사소통에 관한 만족도란 비공식적 의사소통의 정확성과 자유로운 흐름이나 떠도는 소문에 대한 지각에 대한 것으로 동료 또는 부서의 업무와 관련이 되지 않은 일상적인 인간관계와 의사소통의 유통 정도의 만족도를 의미한다.

다섯째, 조직의 통합성에 관한 만족도란 업무와 관련된 정보를 개개인들이 받는 정도를 말한다. 이는 업무를 수행하는 데 있어 동료나 상사로부터 얻은 정보가 얼마나 도움이 되는지 아닌지와 업무수행에 필요한 외부의 정보를 어느 정도 조직이 제공해 주는지에 대한 여부이다.

여섯째, 개인피드백에 관한 만족도란 업무수행의 평가나 보상이 구성원들의 개개인이나 인사고과 등에 어떻게 만족이 되고 있는지에 대해서 인지하고 있는 정도를 말한다.

일곱째, 조직 전반에 관한 만족도란 조직의 장·단기적인 재무상태, 정책, 조직에 영향을 미치는 요인과 조직의 비전, 광범위한 조직의 상태를 의미하는데, 이는 부서별 성과비교와 변화의 요인 등의 조직에 대한 전반적인 전망을 말한다.

여덟째, 하급자와의 의사소통에 관한 만족도란 부하직원에 대해 느끼는 만족으로 부하직원으로부터 받는 정보의 양과 질에 대한 것을 말한다. 즉, 상사에게 하급자가 도움을 주는 정도와 상사의 개인적인 사항과 상향 의사소통에 대한 반응이다.

조직의 구성원들이 의사소통에 대해서 만족을 느끼도록 조직의 문화를 개선하는 것은 조직원들이 더욱 조직에 몰입할 수 있도록 도움을 줄 수 있다. 조직의 생산성이 높아지는 것은 자연스러운 결과일 것이다. 그러므로 조직의 리더는 조직원들의 의사소통 만족도에 대해서 관심을 가져야 한다. 또한 조직원들의 의사소통 만족도에 대한 반응을 통하여 조직 내에서 의사소통이 효과적으로 이루어지는지, 정보가 왜곡되지는 않는지, 조직원들 간에 동일한 문제에 대해서 다르게 인식하고 있지는 않은지에 대해서 알기 위해 노력해야 한다.

▶ 조직 의사전달의 장애

의사소통의 장애는 시간, 공간, 기타 심리적 요인으로 조직 내에서의 정상적인 의사소통이 일어나지 않는 상황을 말한다. 조직의 리더, 즉 지휘관은 항상 장애의 요인들을 제거하여 의사소통이 조직 내에서 원활히 이루어 질 수 있도록 하는데 관심을 가져야 한다.

의사소통은 조직 내에서 시·공간적으로 어떠한 상황에서도 진행되므로 의사소통에 있어 장애요인은 결과적으로 의사소통 과정의 구성요소라고 할 수 있는 전달자와 수신자, 그리고 의사소통의 방법 등에 대한 장애요인이라고 할 수 있다. 또한, 의사소통의 장애요인은 어의 상의 문제, 의사소통의 분위기, 가치관의 상이, 선입관에 의한 왜곡과 정보의 독점 및 누락, 정보의 간소화 경향, 정보의 과부하나 의식적 제한, 조직 내 상급자의 평가적 경향 모두 의사소통의 장애요인으로 작용할 수 있다. 그렇다면 장애요인에 대해서 이야기해보도록 하자.

첫째, 어의 상의 문제는 수신자가 알아듣지 못하는 용어를 사용하여 의사소통에 장애가 나타나는 것을 이야기한다. 예를 들어서 중대장이 병사들에게 난해한 전술용어를 사용하여 병사들이 이해하지 못할 때 이러한 문제가 발생하게 된다.

둘째, 의사소통의 분위기에 대한 문제는 의사소통 하는 주체인 사람들이 감정적인 존재이기 때문에 발생한다. 의사소통을 함에 있어 균일적인 환경이 제공되어져야 하나 감정이 이입됨으로 인하여 분위기가 경직될 수도 있기 때문에 이러한 문제가 발생하게 된다.

셋째, 군 조직 내 구성원들의 가치관과 생각은 모두 같지 않으며 상이하다고 볼 수 있는데 이로 발생되는 문제점 또한 존재한다. 상급자가 하급자들과 가치관의 충돌을 일으키며 일어나는 갈등이 이러한 문제를 야기시킬 수 있다.

넷째, 의사소통을 하는 과정에서 정보의 진실한 내용을 왜곡하는 경우 또한 문제로 볼 수 있다. 이는 상급부대로 갈수록 심해지며 권위적인 군에서 상급자의 기분을 맞추기 위해서 하급자들이 의도적으로 진실한 내용을 왜곡시키는 경우가 많다.

다섯째, 정보의 간소화 경향 또한 군 조직 구성원의 사이에서 비일비재하게 일어나는 의사소통의 문제이다. 군은 권위적인 조직이기 때문에 의사소통 과정에서 복잡한 내용이나 긴 내용을 상급자에게 임의로 전달하지 않는 경우가 많으며 그렇기 때문에 상급자들은 하급자가 보고하는 내용의 의미에 대해서도 상호 간에 완전히 이해하지 못하는 문제가 발생하게 된다. 이 문제는 결국 정보가 누락이 되는 의사소통의 장애 요인이며, 조직에 유용한 정보가 누락되어 조직구성원들에게 알려지지 않는 정보의 독점현상을 발생시킨다고 할 수 있다.

여섯째, 군 조직 내에서 의사소통 과정 중 의사소통의 메시지를 전달하기 전에 본인 스스로 평가하여 그 정보를 제대로 전달하지 않는 평가적 경향의 장애 또한 군에서 발생할 수 있는 의사소통의 문제이다. 이 평가적 경향이 과하면 정보가 간소화 될 수 있고 너무 부족하면 정보의 과부하가 발생할 수 있다.

의사소통 과정에 있어서 전달하고자 하는 전달자는 내용과 목표를 명백히 하여 수신자가 쉽게 이해할 수 있도록 전달해야 할 책임이 있으며, 이것이 정확히 이루어지지 못할 때 여러 장애요인이 발생하게 된다. 크게 전달자 입장에서 범할 수 있는 장애유발 요인으로는 의사소통의 목적 결여, 권위적 태도, 체면성, 의사소통 기술 부족, 대인감수성 부족, 언어의 장애를 들 수 있다. 이러한 요인들이 의사소통에서 어떠한 방식으로 부정적인 효과를 불러오게 되는지 생각해 보자.

첫째, 의사소통의 목적 결여는 의사소통과정에서 핵심이 없는 메시지가 생성되어 의사소통에 좋지 않은 영향을 미치게 될 수 있다.

둘째, 권위적 태도는 상급자들이 하급자의 성취성과 능력을 과소평가하게 하는 부정적인 측면이 있을 수 있다. 이러한 요인들은 독선과 추종성을 조장하여 의사소통의 장애요인이 될 수 있다.

셋째, 체면성은 상급자가 하급자에게 의사전달을 할 때 권위적 태도로 인한 체면 때문에 전달할 메시지를 전달하지 않는 경우가 있는데 이럴 경우 하급자는 고도의 통찰력이 필요하게 되고 이 때문에 효과적인 의사소통이 이루어지기 어렵게 만든다.

넷째, 의사소통 기술부족은 의사소통 과정에서 메시지의 이해를 어렵게 만들 수 있다. 부적합한 단어의 문장구성이나 배열, 부적합한 용어 사용과 서투른 발음 등은 의사소통의 기술부족이 불러오는 장애요인이 될 수 있다. 이러한 장애요인의 발생은 의사소통의 기술에 대한 교육훈련 결여가 원인인 경우가 많다.

다섯째, 대인감수성의 부족은 감수성과 언변이 부족한 사람에게 발생한다. 즉, 이러한 측면은 대인관계에서 상대방의 감정과 욕구 및 정서에 대해 무관심한 태도를 보임으로 인하여 전달자가 긍정적인 반응을 수신자에게 얻지 못하는 것을 의미한다.

여섯째, 언어의 장애는 상대방과 대화할 시 사투리의 사용이나 타 분야에서의 전문용어 등 어려운 단어를 사용하여 의사소통에 지장을 초래하는 경우를 이야기한다. 즉, 전달자가 난해하고 어려운 용어나 외국어 등을 자주 섞어서 표현할 때 수신자의 수준에 따라서 의사소통 장애가 발생할 수 있는 것이다.

의사소통의 활성화를 위해서는 군내에서 수신자 또한 메시지를 신속 정확하게 수신하여 메시지에 대한 적절한 반응을 보여야 한다. 수신자로 인한 의사소통 장애요인으로는 준거기준의 상이, 선택적 청취, 수용태도 부족 등으로 분류할 수 있다. 그렇다면 이에 대해서 자세히 알아보도록 하자.

첫째, 준거기준의 차이점은 조직구성원들의 사고방식, 생활방식 등 준거기준이 비슷하거나 동일할 때는 의사소통이 그만큼 효과적으로 이루어지며, 반대의 경우에는 의사소통이 장애를 받게 된다. 이는 동일 경험의 수준에 의해 의사소통 효과가 달라질 수 있기 때문이다.

둘째, 선택적 청취는 선택적 지각의 형태인데, 선택적 지각은 개인이 특히 신념 하는 것과 믿는 것이 모순될 경우 새로운 정보의 유입을 차단하려고 시도하는 경우를 뜻한다. 대부분의 사람들은 누구나 선택적 청취의 경향을 갖고 있는데 이는 상급자뿐만 아니라 하급자의 경우에도 역시 상급자의 지시를 받았을 때에 자신의 신념에 부합되는 것만을 지각하게 될 수 있다는 것을 뜻한다.

셋째, 수용태도 부족은 전달자가 어떠한 메시지를 전달할 때 수신자가 메시지에 대해서 전혀 반응을 보이지 않게 되었을 때 나타나는 문제이다. 이러한 경우 전달자가 메시지를 잘 전달했는지를 판단할 수 없게 된다. 또한 수신자가 전혀 엉뚱한 반응이나 부적절한 반응을 보일 경우도 마찬가지이며 이 또한 장애의 관련 요인이라고 할 수 있다.

군 역시 생산성을 증진시키고 구성원들의 만족감을 높이기 위해서는 의사소통이 활성화되어야 한다. 특정 집단이나 조직의 의사소통 풍토는 조직 유효성에 매우 큰 영향을 미친다. 활동적이고 개방적인 조직은 신뢰도가 높으며 화합적인 분위기를 가진 조직과 그렇지 않은 조직은 의사소통의 내용을 해석하고 소화하는 데 큰 차이를 보이게 된다. 그러므로 군 또한 발생할 수 있는 의사소통상의 문제를 해결하여 의사소통 문화를 개선해야 할 것이다.

▶ 군 조직 의사소통의 실태

① 군 조직 의사소통의 특성

창군 이래로 군의 지휘관들은 부하들에게 과도한 지시나 간섭 위주의 지도감독을 하거나, 능력 있고 소신 있는 부하보다 자신의 지시에 순종하는 부하를 선호하는 권위주의적인 지휘를 해 온 경향이 있다. 이러한 경향은 하급자의 자율성과 창의력 발휘를 저해해 왔고, 그들의 근무태도를 피동적으로 만든 경우가 많았으며, 상·하간의 의사소통을 경직되게 만드는 요인으로 작용하였다. 또한 일부 지휘관들은 전시효과 및 단기업적 위주로 임무를 수행하고, 검열과 측정에 대비해서 부대를 지휘함으로써 과정과 절차를 경시하고 결과에만 관심을 두기도 하였다. 이에 따라 부하들이 업무의 전문성을 구비하도록 능력을 개발시키는 장기적인 제도적 장치가 부족한 것이 우리군의 현주소이다.

군은 계급체계에 의하여 명령과 복종이 이루어지는 상명하복의 조직이지만 상급자가 권위의식에 사로잡혀 지휘하는 태도는 상·하 구성원의 의사소통단절의 출발선이 될 수 있다. 때문에 우리는 군내 의사소통 문화 개선과 제도적 보완책을 강구하여 구성원의 화합과 단결, 응집력을 극대화 시켜 전투력 발휘의 상승효과로 연결시켜야 한다. 원활하지 못한 의사소통은 상호 간의 불신을 조장하여 조직의 단결과 사기를 저하시키고, 부하의 의견을 무시하는 상급자, 부하의 고충에 대한 관심부족, 공감이 없는 일방적이고 부정적인 피드백, 지시 위주의 의사소통은 군 조직에 미치는 악영향이 상당하다고 볼 수 있다.

군내 상·하급자들의 세대 차이 갈등, 서로 다른 가치관에 따른 의사소통의 갈등은 반목과 분쟁을 야기한다. 때문에 이를 극복하기 위해 서로에 대한 이해, 변화를 수용하는 의사소통이 끊임없이 필요한 것이다. 원활한 상호 의사소통은 군의 전문성과 미래를 주도하고 근무의욕을 고취시키며 조직의 갈등 해소와 화합과 단결심을 이루어 군 조직의 경직성을 타파시키고 전투력 발휘와 목표달성의 성공을 쟁취하는 원동력이라고 볼 수 있다.

군에서의 의사소통은 상급자과 하급자간의 상황판단을 위한 정보의 교환, 지휘활동의 명령 및 보고, 부대원 간의 상호 이해 및 신뢰, 임무달성을 통한 부대원 간의 통일된 행동유도 등의 의사소통에 의해 이루어진다. 따라서 군이 부여된 업무를 성공적으로 수행하기 위해서는 상사와 부하의 효율적인 의사소통이 필수적인 요소가 되는 것이다. 때문에 원활한 의사소통을 통해서 구성원 상호 간 지향하는 목표를 서로 공유하고 생각의 방향을 함께하는 행동이 필요하다고 볼 수 있다.

의사소통은 각 구성원 간에 지식과 정보는 물론이고 의견과 신념, 감정 등을 교환함으로써 견해를 공통적으로 갖게 하고, 나아가 의식 및 행동, 태도에 대한 변화를 일으키는 과정이다. 또한, 의사소통이 원활하지 않은 경우는 지시나 명령에 대해 부정확한 이해와 정보공유의 제한으로 오해와 갈등이 발생하여 효율적인 임무 수행이 제한될 수밖에 없다. 리더는 지휘 시 상·하 관계에서의 수직적 의사소통은 물론이며 인접부서와 부대, 임무수행을 하는 모든 관계자와 수평적인 의사소통이 활성화되도록 분위기를 개선하고 다양한 소통채널이 활용될 수 있도록 해야 한다.

현재 군은 군내 구성원의 의사소통을 활성화하기 위해 마음의 편지,

계급별 간담회를 통하여 상·하급자의 소통을 지속적으로 이어가기 위한 노력을 아끼지 않고 있다. 또한 과거의 군은 그 임무의 특수성으로 사회와의 의사소통이 단절되었던 폐쇄적 공간이었으나, 민·관·군 병영문화혁신 특위가 출범되며 다양한 방법으로 병영문화를 진단하고 대안을 모색하고 있다. 물론 병영문화혁신의 첫 번째는 바로 의사소통이라고 볼수 있다. 따라서 이러한 군의 의사소통 상 특성과 환경적 특성 속에서 구성원들의 의사소통이 조직의 변화와 성과에 미치는 효과성은 지대하므로 의사소통 활성화를 위한 지속적인 노력이 필요하다고 볼 수 있다.

② 군내 의사소통의 갈등

군내 구성원들은 입대 전 각자 다른 가치관으로 자기 자신만의 개성과 방법으로 성장해 왔으며, 군의 특성, 규모 상 생활하는 구성원들의 갈등이 조성될 수밖에 없는 여건이라고 볼 수 있다.

갈등이란 행동 주체 간의 대립적, 적대적 상호작용을 말한다. 갈등은 두 가지 이상의 목표로부터 양립할 수 없는 것으로부터 발생되며, 하나의 목표 성취는 결국 다른 하나의 목표 희생을 전제로 한다. 군 조직의 구성원 간 서로 다른 목표 추구로 발생되는 갈등은 군내 구성원들의 의사소통이 잘 이루어지는 기회가 많을수록 갈등을 최소화할 수 있다.

군의 병사들은 원하여 입대하는 경우는 매우 드물며 일반 사회와 회사 및 기업 등과 다르게 병사들이 본인이 원하고 선택하는 것이 아니라 국방의 의무를 다하기 위해 하는 수 없이 입대하는 인원들이 더 많은 것이 현실이다. 이로 인해 군내 구성원들이 느끼는 의사소통의 갈등은 복무의욕의 저하로 조직의 기강을 무너뜨리고 불신요인으로 작용할 가능성이 있다. 또한, 일반 사회의 회사 및 기업 등과 다르게 구성원들의 순환주기가 다소 빠르고, 대량손실 및 획득의 악순환이 반복되어 의사소통의 갈등에 쉽게 노출되어 있다고 볼 수 있다. 군 조직 구성원인 병사와 간부가 의사소통을 함에 있어 서로를 이해하려 하지 않고, 각자의 위치에서만 생각하고 일방적인 의사소통과 감정이입적 의사소통을 하게 되는 것은 갈등의 원인이 분명하다.

사람과 사람 사이에 가장 중요한 위치를 차지하고 있는 의사소통은 감정이입적 의사소통이며, 감정이입은 상대방의 감정상태 안으로 들어가는 것, 즉 자신의 입장이 아니라 역지사지라는 사자성어의 뜻과 같이 상대방의 입장에 서서 이해하는 태도이다. 따라서 올바른 의사소통을 위해서는 상대방의 위치에서 상대를 공감하고 이해하는 것이 필수적이라고 할 수 있다. 의사소통은 일방적이고 엉뚱한 지시에 파생되는 기계적 관계보다는 서로에 대한 이해와 협조 등 조정을 통해서 이루어 나가는 것이므로 상대방의 감정과 생각, 상태와 조건 등을 먼저 고려하는 것이 가장 중요하다.

군내 의사소통의 갈등은 군에 있어서 거의 필연적이며, 발생된 갈등에 대하여 의식적으로 대처하는 능력 범위를 키우고 활동을 하지 않으면 안 된다고 볼 수 있다.

군 안전사고 실태에 대한 연구결과를 분석해보면, 스트레스 원인에 대한 인식은 상·하급자와의 인간관계에서 발생한 것이 38.18%로 가장 많이 분석되었고, 군내 구성원들이 사회와의 단절에서 오는 부적응이 30%를 차지하였다. 또한 군내 상·하급자의 원활하지 못한 인간관계는 올바르지 못한 의사소통에서 시작되며 감정이입 적인 의사소통은 원활하지 못한 의사소통의 출발선이라고 볼 수 있다.

군의 특성상 계급성을 강조하고, 이에 상징화된 의미를 강조할수록 정보의 왜곡과 단절현상은 심해지며, 이에 대처하기 위해 상부에서는 더욱 충성심·세뇌 등을 강조하게 된다. 이러한 현상이 지속되면 구성원들은 '보수형의 조직인'이 되고, 창의적이지 못하게 되며, 조직에서 생산되는 정보는 그 질이 더욱 낮아지게 된다. 경직된 계급문화인식과 강압적인 분위기를 통하여 의사소통의 갈등과 문화가 형성된다고 볼 수 있다.

의사소통을 통하여 의사결정, 의사결정에 참여도 정도를 통해 최상의 안을 도출하는 것이 아닌 상급부대의 일방적인 지시에 따라 움직이는 군의 관행과 계급에 의해 자신의 의견이 무시되기에 십상이라고 생각하는 구성원들의 부정적 인식이 의사소통의 갈등을 형성한다고 볼 수 있다. 군 조직의 엄격한 계급사회의 특성은 경직된 의사소통의 문화로 자리 잡을 수 있다.

군내 의사소통의 갈등 중 가장 큰 문제가 되고 있는 것은 초급간부와 용사들 간의 의사소통이다. 군 조직의 병사들은 명문화된 교리와 문헌에 의해 학습한 것이 아니라 훈련소의 짧은 양성과정을 통해 주입식 교육과 훈련된 지식만을 가지고 있고, 초급간부 역시 전문지식이 깊이 있지 못하여 본인의 권한과 책임에 대해 명확히 인식하지 못한 상태에서 야전에 배출되어 병사들에게 독선적, 이기적인 생각으로 조치하고 행동함으로써 의사소통의 갈등현상이 나타나고 있다고 할 수 있다.

또한, 군내 의사소통의 갈등은 상호 간의 불신을 조장하여 조직의 단결과 사기를 저하시킨다. 부하의 의견을 무시하는 상급자, 부하의 고충에 대한 관심의 부족, 공감이 없는 일방적이고 부정적인 피드백, 지시 위주의 일반적인 의사소통은 군의 의사소통 활성화에 상당한 악영향을 미칠 수 있다고 볼 수 있다. 군 조직 내 상·하급자들의 세대 차이 갈등, 사고방식에 따른 의사소통의 갈등은 반목과 분쟁을 야기하기에 이를 극복하기 위해 서로에 대한 이해, 변화를 수용하는 의사소통이 끊임없이 필요하다고 볼 수 있다.

▶ 군내 의사소통의 문제점

대부분의 병사들과 초급간부들은 본인이 가지고 있는 가정문제, 이성문제, 부대생활 문제 등의 고충을 지휘관에게 먼저 찾아가서 이야기하기 어려워한다. 특히, 초급간부는 병사들을 지휘하는 입장에서 본인의 문제와 고충 등을 스스로 해결하려는 경향이 있으며, 지휘관에게 보고 시 본인이 관심 간부가 되거나, 불이익을 받거나 하는 등등의 왜곡된 걱정과 가슴앓이로 상급지휘관에게 본인의 속마음을 원활히 비추는 것을 꺼리는 경우가 많다. 초급간부 역시 병사들과 마찬가지로 심리적 갈등을 겪고 있으며, 군 생활 경험이나 능력에 비해 병사들보다 높은 계급의 무게감과 책임감 등은 내적 갈등을 더욱 심화시키는 요인으로 작용할 수 있다.

초급간부들이 중대장과 대대장 등 지휘관, 상급자에게 본인의 갈등요인을 이야기 하지 않고, 병사들 역시 초급간부, 지휘관에게 마음의 문을 열지 않고 이야기를 하지 않는다는 것은 해결되지 않을 것이라는 불확실한 개인의 성격과 주관적 믿음, 그러한 믿음이 형성될 때까지의 소통의 부재 및 상호 신뢰관계의 부정적인 영향이 있었음을 볼 수 있다. 군

내 의사소통의 문제점은 정보전달의 장애, 수용자와 전달자의 이해도 수준, 상호 신뢰와 관계, 소문, 풍문, 일방적인 지시와 소극적 피드백 등등이 있음을 알 수 있다.

의사소통이란 적극적인 피드백이 필요하며, 피드백이라는 것은 우리가 어떤 일을 어느 정도 속행했을 때 그것이 원하는 대로 정확하게 진행되는가를 알고자 하는데 그 의미가 있다. 또한, 적극적 피드백은 성과를 점검하는 것에서 단순히 끝나는 것이 아니라 보다 더 나은 방향으로 나아가고자 하는 것과 잘못된 이유를 밝혀 개선하는 것 까지 포함되어 있다. 만일 어떤 결과를 보고 자신의 변명만을 늘어놓는다면 그것은 소극적 피드백이 될 것이다. 의사소통의 적극적 피드백이 없다면 그 조직은 발전하지 못할 것이다.

군내 의사소통에서 많은 문제들은 군의 구성원들이 상호 신뢰하지 못한다는 것에서 출발하는 경우가 많다. 의사소통은 무엇보다 상대방을 신뢰하는 데서 비롯된다. 신뢰관계는 상호간 믿음 관계에서 시작한다. 따라서 신뢰관계가 성립되지 않았다면 상대방이 의사소통을 하기 위해 노력하고 전달하고자 하는 메시지가 진실이라도 의사소통은 잘되지 않을 것이다. 상급자든 하급자든 정직하지 못하고 언행일치가 되지 않을 때 신뢰관계는 더욱 더 금이 가게 마련이다. 조직 내에서 신뢰관계가 회복되기 위해서는 결국 조직 전반에 걸쳐 의사소통의 활성화가 폭넓게 요구되는 것이다.

의사전달의 과정적 장애요인은 왜곡과 누락, 그리고 정보의 과부하, 수용의 거부로 정의 할 수 있는데 그 구체적인 내용은 아래와 같다.

왜곡이란 메시지의 의미나 내용을 변화시켜 올바른 정보를 전달하지 않는 현상을 말하는데, 왜곡이 발생하는 것은 대부분 다음과 같은 이유 때문이다.

첫째, 개인들은 상이한 경험으로 인해 준거 체제가 서로 다르므로 동일한 의사전달을 다르게 해석할 수 있다.

둘째, 언어의 부적절한 사용은 어의 상의 문제로 전달자가 모호한 말을 사용하거나 상대방에게 생소한 용어의 사용이 해석의 오류를 낳는다고 이야기할 수 있다.

셋째, 시간에 쫓기다 보면 당연히 포함해야 할 사람을 의사전달 경로에서 제외시키거나 적시성을 놓치는 등의 시간 압박 또한 과정적 장애요인이 될 수 있다.

넷째, 누락은 전달자가 의도한 메시지가 일부만 수신자에게 전달됨을 뜻한다. 누락 현상은 전달자가 고의로 의사전달의 내용을 여과할 때라던가 전달자가 모든 정보를 제대로 파악하지 못함으로써 충분하지 않은 정보를 수신자에게 전달할 때 발생한다. 그리고 고의가 없더라도 조직이 고층구조를 가지고 있어 의사전달 단계가 길어지게 되면 불가피하게 누락 현상이 발생하는 경우도 있다.

다섯째, 과부하란 메시지의 흐름이 그 체제의 처리용량을 초과취득하여 유입되는 상황을 나타낸다. 정보의 홍수에 휩쓸리다 보면 적절한 조치를 강구해야 할 합리적인 의사결정을 못하거나 중요 문제를 가려내지 못할 때가 많다.

여섯째, 수용의 거부는 수신자가 정보 전달자의 말과 행동에 대해 신뢰를 하지 않거나, 메시지에 대한 특정의 선입견을 갖는 경우 수용거부

현상이 나타나게 되며, 이 때 의사전달의 원래 의도는 크게 상실된다. 의사소통의 수용자로서 청취는 많은 주의와 자기 훈련을 필요로 한다. 이는 선입견을 가지고 타인의 주장에 대해 시기상조적 평가를 해서는 안된다는 것을 의미하는 것이다.

위와 같은 의사소통의 과정적 장애요인이 군 조직 내에서 충분히 발생할 수 있다. 한 가지 예를 들자면 상급자가 권위적이고 의사소통의 능력이 부족하여 명확한 지침 없이 조직 내 하급자에게 업무보고를 지시할 때 하급자는 간단하게 구두보고를 해야 하는지, 문서로 보고해야 하는지 고민하게 되고 질문하는 것 또한 부정적인 반응이 나올까 우려하여 문서를 여러 개의 안건으로 작성하여 시간 낭비와 불필요한 에너지 소모를 하는 경우가 발생할 수 있는 것이다. 또한, 정확한 정보를 보고하는 것이 아닌 왜곡과 누락이 더 큰 시행착오를 발생시키고, 이러한 과정에서 군 조직 내 구성원들에게 배려와 포용, 이해를 요구하기에는 현실적으로 어려운 것이라고 볼 수 있으며, 이를 위해 의사소통의 문화적 환경개선과 열린 의사소통의 제도가 현재 우리군 에는 꼭 필요하다고 이야기할 수 있다.

사회문화의 발전은 조직 구성원과 구성원 집단의 기대수준을 상승시키고 개인과 집단, 조직과의 갈등이 심해지면서 각 구성원들과 조직과의 통합문제도 심각하게 만들었다. 이러한 장애의 양상은 군 조직 내에서 역시 발견할 수 있으며 때문에 군 역시 열린 의사소통 제도가 필요하다고 이야기할 수 있다.

조직 내에서 열린 의사소통이 되기 위해서는 허용적 환경 또한 중요한

데 이는 표현을 하는 사람이 자유롭게 말할 수 있고 충분히 의사를 밝힐 수 있도록 환경을 조성해주는 것이라고 이야기할 수 있다. 들은 척하는 분위기와 어수선한 분위기, 그리고 강압적인 분위기와 적대적인 분위기 속에서는 조직 내 합리적이고 건전한 의사소통이 절대 이루어질 수 없을 것이다. 의사소통이 올바르게 이루어지려면 권위주의적 사고를 과감히 버리고 민주적인 사고와 환경이 우선적으로 마련되어야 한다.

▶ 의사소통 문화 개선방법

최근 많은 조직은 의사소통을 통하여 조직목표를 현실화시키고 생산성을 유지함은 물론 구성원 하나하나가 살아 숨 쉬며 조직발전에 기여하는 조직문화를 만들기 위해 노력해 나가고 있다. 군 또한 이러한 사회의 흐름에 발맞추어나가기 위해 의사소통을 활성화시키는 방안을 논의 중이며 일부 성과도 있다. 하지만 아직은 군내에서의 의사소통은 사회에서의 의사소통보다 소극적이고 부족한 것이 현실이다. 군내에서의 활발한 의사소통문화 개선과 의사소통을 활성화시키기 위해서는 다음과 같이 개선방안이 효과적일 것이라고 생각한다.

① 권위주의적 태도 개선

군은 계급과 직책, 권위를 바탕으로 이루어진 조직이다. 이러한 군의 특성에서 비롯된 지휘관 및 상급자의 권위주의적 태도의 의사소통은 경직된 조직문화를 만드는 지름길로 군을 이끌고 갈 것이다. 오늘날 대부분의 조직이 인간중심의 조직문화를 정착시키고 있는데 인간중심의 조직문화의 핵심이 바로 권위적인 조직문화를 타파하고 구성원들 간의 활발한 의사소통을 장려하는 것이라는 점에 주목할 필요가 있다. 군 또한 의사소통의 활성화를 하기 위해서는 무엇보다 지휘관과 상급자의 권위주의적 태도를 먼저 개선해야 한다고 할 수 있다.

군내에서의 통상적인 의사소통의 모습을 관찰해보면 직접 상급자가 하급자와 대화하기보다는 일방적인 명령과 지시를 내리는 권위적인 모습이 많은 것이 현실이다. 이처럼 권위주의적인 태도는 사회조직에서 노력하는 의사소통의 활성화를 위한 방안이라고 보기에는 이질감이 많다. 이러한 상급자의 태도는 하급자와 거리감을 조성하고 상급자와의 의사소통을 기피하는 분위기를 조장하게 된다. 계급과 직위에 의해 위계 문화와 명령체계가 엄격히 유지되는 군 조직의 특성을 분석할 때 상급자의 권위적 지휘성향의 태도가 군 조직의 통솔이나 조직 관리에 있어 잘못된 것이라고 단정 지을 수는 없을 것이다. 그러나 상급자의 그러한 태도를 하급자가 지나치게 권위적인 성향으로만 인식을 할 때, 상·하급자 사이에 원활한 인간관계 형성은 방해되고, 활발한 의사소통에도 큰 지장을 초래하게 될 것이다. 권위가 절대적으로 인정이 되고 있는 군 조직에서는 하급자의 의견이나 건의사항은 전적으로 상급자의 의견과 뜻에 따라 수용되고 배제되며, 상급자의 결정에 대한 하급자의 반대의견 제시는 거의 불가능하다. 이러한 과정에서 가장 큰 저해요인은 상급자의 하급자에 대한 경시 태도와 지나친 권위주의 의식이다. 상급자의 이러한 권위주의적 태도는 하급자가 각종 제안이나 건의를 실시하는데 자신감을 잃게 할 뿐만 아니라 보고까지 망설이게 하여 의사소통기회를 축소시키게 된다. 따라서 상급자는 우선적으로 하급자를 신뢰해야겠으며,

의사소통 시에는 계급의 존재, 즉 위계 문화를 지나치게 의식하지 않도록 대화 분위기를 자연스럽게 조성해야 한다.

이러한 권위주의적 행태는 의사소통의 장애요인이 되며, 이러한 권위주의적 형태의 의사소통방식을 추구하는 지휘관과 상급자는 의사소통의 철학을 확립하여야 하고, 하급자의 의견을 경청하는 자세가 필요하다고 할 수 있다.

조직 내 의사소통 활성화를 위한 발전방안으로 의사소통철학의 확립과 적극적 경청 또한 필요한 요인이다. 의사소통철학이 확립되지 않아 하급자를 부정적으로 본다거나 본인 스스로 긍정적이지 못한 자아상을 가졌다면 바람직한 의사소통은 기대할 수 없을 것이다. 의사소통은 리더가 어떠한 인간관을 가지고 있느냐에 따라서 달라지므로 인간관에 대한 전환이 필요하다. 또한, 가장 좋은 의사소통은 경청하는 것이며, 이전에는 말을 잘하는 것이 의사소통을 잘하는 것으로 간주했었으나 현재는 상대방의 말을 적극적으로 들어주는 것이 더욱 중요해졌다. 즉 이해하는 태도를 갖고 자신의 말만 앞세우는 것이 아니라 상대방의 말을 적극적으로 듣고, 상대방의 말을 깊이 들어주는 적극적 경청의 훈련이 필요하다.

따라서 군의 의사소통을 활성화시키기 위해서는 권위주의적 태도를 개선하고 이를 위해 상대방의 의견에 대해 관심을 갖고 경청하는 개방적인 태도를 견지해야 한다. 또한, 먼저 부하를 신뢰하고 본인 스스로가 긍정적인 자아상을 가져야 하며 적극적인 경청이 필요하다고 할 수 있다.

② 의사소통의 환류(Feed back)의 확대

조직 내 의사소통에 대해 구성원들의 만족도가 낮다는 것은 의사소통에 대한 환류가 활발하지 못하다는 것이라고 볼 수 있다. 의사소통을 활성화하기 위해서는 의사소통 환류에 대한 방안이 강구되어야 한다. 환류 기법의 개발은 효과적인 의사소통을 위해서 필수적인 것이다.

조직 내에서의 인적교류의 질을 크게 확장시키기 위해서는 상호작용 내에 환류에 대한 가능성을 도입해야 한다. 특히 환류를 통해서 각각의 구성원들은 서로 다른 구성원들에 의해 영향을 주고받기도 할 뿐만 아니라, 각자의 행동들을 타인의 행동들에 의해 조정하기도 하기 때문이다. 또한, 환류의 방법은 언어 매체에 국한될 필요는 없고 상대의 표정과 눈빛을 보고 수신 여부를 판단할 수 있을 것이며, 지시사항에 대해 시간이 지난 후에 행동 결과로 어떻게 나타났는지를 평가해 봄으로써 수신 여부를 평가할 수도 있다. 의사소통의 환류는 의사소통에 관련된 일련의 통로로써 의사전달자가 전달하는 메시지가 전달되어 나타나는 수신자의 반응이라고 할 수 있다. 때때로 조직 내에서 하향적 의사소통의 메시지 전달이 정확하게 이루어지지 못하는 경우가 있는데 이 경우는 수신자로부터의 환류의 기회가 부족하기 때문에 발생한다고 이야기할 수 있다.

따라서 의사소통의 환류는 전달자의 메시지에 대한 수신자의 반응이라고 할 수 있으며 의사소통의 효과성을 평가하는 필수적인 요소라고 할 수 있다. 환류는 의사소통의 쌍방향적 과정이며 의사소통 활성화를 위해서는 환류의 확대가 필요하다고 볼 수 있다.

③ 의사소통 풍토의 개선

의사소통의 활성화를 위해서는 의사소통 풍토에 대한 개선 방안을 강구해야 한다. 현실적으로 조직 의사소통 활성화를 위해 무엇보다 가장 중요한 것은 주체가 되는 리더의 조직 차원의 장기적인 의사소통 활성화 지원 및 노력이며, 구성원의 적극적인 참여이다.

의사소통 풍토의 개선을 위해서 군은 토론문화를 형성하여 구성원 간의 의견, 애로사항들이 적극 반영되도록 문화를 조성할 필요성이 있으며 출신과 학력을 배제하고 모든 구성원의 건의사항이 고려될 수 있도록 의사소통의 풍토를 개선해야 한다고 볼 수 있다.

계급에 의하여 무시되었던 하급자의 의견이 받아들여진다면 폐쇄적이고 강압적이었던 군의 의사소통 풍토 또한 변화될 수 있으며 구성원의 의사소통 또한 활성화될 수 있다.

대다수의 부대에서 지휘관과 반대되는 의견은 묵살되고 이 때문에 창의적인 의견은 고려되지도 못한 상태로 무시되는 경향이 있다. 하지만 이는 부대의 생산성과 구성원의 조직 만족감에 부정적인 영향을 주게 된다. 때문에 부대의 생산성과 의사소통 활성화를 위해서는 창의적 반대의견이 장려되어야 한다. 부대 안에서 누군가가 지휘관과 이야기하기를 불편해 하거나, 지휘관이 어떤 제안을 받아들일 때나, 건의를 받아들일 때마다 화를 낸다면 지휘관이 그 부대의 기능발휘를 제한하고 있는 것이다. 군에서의 지휘관(부대장)은 자신이 항상 원하는 대로 일을 처리하기 위해 간섭을 끊임없이 해서는 아니 되고, 반대의견이 지휘통솔 자체에 대한 것이라도 하여도 그러한 의견을 관대하게 장려하고 수용할 수 있어야 한다.

이렇듯 군 구성원들 의사소통 풍토를 개혁하여 누구나 자유롭게 의견을 제시하고 이에 대한 다양한 답변을 통해 상대방의 생각을 이해하고 상호 교감하는 시스템적인 환경조성이 필요하다고 볼 수 있다.

조직 의사소통 활성화를 위해 의사소통의 시스템적인 환경조성은 각 구성원에게 조직의 리더가 의사소통을 중요하게 생각하고 있다는 인식을 심어줄 뿐만 아니라, 의사소통 능력향상을 위하여 본인 스스로 노력하게 되는 계기를 마련해 주고 계층별 의사소통 다면평가 등이 도입된다면 서로의 이기주의도 줄여 나갈 수 있고 업무는 더욱 빠르고 목표 지향적으로 개선될 수 있으며 업무에 대한 이해를 도울 뿐만 아니라 의사소통 능력이 보상되고 평가가 이루어짐에 따라 자신의 정보를 적극적으로 공유하는데도 개선될 수 있을 것이다.

④ 군 조직 내 의사소통 매체 활용

의사소통 활성화를 위해서는 의사소통 매체의 질을 향상시키는 것 또한 중요하다. 의사소통의 원활함 정도는 조직에 있어서의 신뢰성이나 의사소통 수용성 등의 의사소통 분위기 형성에도 영향을 미친다. 조직 내에서의 원활한 정보교류는 조직 의사소통의 가장 중요한 요소인 동시에 필수적 요소이다. 적절한 정보 전달과 명확한 업무 의사소통으로 이루어지는 조직 내 의사소통의 성과 및 결과는 업무 수행에 있어서의 효율성과 정확성, 자신감, 그리고 구성원들에게 동기부여, 조직에 대한 헌신으로 이어지게 된다. 뿐만 아니라 업무와 조직에 대한 정보가 적절한 매체들을 통하여 얼마나 제공이 잘되고 공유가 되는가는 구성원들이 조직에 대한 신뢰의 형성과 업무의 수행에도 영향을 준다.

올바른 의사소통 문화를 만들어 가는 중요한 과정으로 군 조직은 다음과 같은 의사소통의 매체를 적극 추진하여 조직 구성원들의 의사소통이 활성화될 수 있도록 개선하여야 할 것이다.

첫째, 고충신고에 대한 의사소통 매체의 활성화가 필요하다고 볼 수 있다. 군 조직 내 화장실, 사이버지식정보방 등에 설치된 '마음의 편지함' 접수 내용과 지휘관에게 보내는 '마음의 편지', 인트라넷 상 지휘관과의 대화의 접수내용에 대해 전달자의 신변이 노출되지 않도록 유의하여 소통 및 응답하여 어려움을 느끼는 구성원들의 의사소통 매체를 보장해줘야 한다. 하지만 접수된 내용에 따라 사실 결과를 확인하는 과정이나 소홀한 접수내용의 관리로 신변이 노출될 경우 의사소통의 단절을 초래할 가능성이 크다. 따라서 고충신고에 대한 의사소통 매체를 활성화하기 위해서 잘못된 관행이나 병영문화의 저변 요소를 접수 시 소중한 의사소통 수단으로 생각하고 신중하고 정확하게 조직 구성원의 신상필벌을 확실히 하여야 하며, 조직관리에 필수적인 의사소통의 매체로 인식해야 할 필요성이 있다.

둘째, 군 조직 내 '병영생활 룰'에 관심을 가질 필요가 있다. 병영생활 룰은 군 조직 구성원들 간 합의와 토의를 통해 서로 조율하고 공감하여 자발적으로 규정과 방침의 중요성을 깨닫게 하고 의사소통의 질을 향상시킬 수 있는 매체가 될 수 있다. 뿐만 아니라 병사들과 일부 간부들은 목적과 이유를 고민하기 보다는 '그동안 그렇게 해왔다'라는 관행적인 잘못된 사고를 버리지 못하여 의사소통을 방해하는 모습이 나타날 수 있는데 병영생활 룰은 이를 개선할 수 있는 중요한 의사소통의 매체라고 할 수 있다.

군의 지휘관은 최소 월 1회 룰의 준수 여부와 만족도, 그에 따른 개선과 추가해야 할 사항에 대한 의견을 수렴하여 구성원의 상호 간 적절성 여부를 검토하고 병영생활 룰을 유지 및 개선을 하여야 한다. 비효율적인 문제를 개선하기 위해 의사소통을 통한 합리적인 병영생활 룰을 간부와 용사들이 함께 개선하고, 개선하는 과정에서 다양한 의견 수렴을 통해 합리적인 룰을 생성하고 적용함으로써 의사소통의 부정적 요소 또한 줄일 수 있을 것이다.

셋째, 계급별, 직책별 간담회를 통해 조직 구성원들의 생각을 공유 및 조치하여 의사소통의 매체를 활성화하여야 한다고 할 수 있다. 다양한 계층 간의 의사소통을 통해 서로를 이해하고 생각을 공감할 수 있는 의사소통의 자리를 마련함으로써 군내 구성원들의 전반적인 생각과 현 상황을 파악하고 해결할 수 있는 기회로 활용해야 한다. 이러한 계급별, 직책별 간담회는 간부, 병사 모두 실시하여 조직발전의 제언은 조직운영에 반영시키고, 단순히 일시적으로 끝나는 의사소통이 아닌 서로의 피드백으로 지속적인 쌍방향의 소통이 유지될 수 있도록 지휘관이 간담회를 주관 및 실시하여 의사소통을 활성화 시켜야할 필요성이 있다. 물론 그밖에도 또래 상담병의 운영, 감사 나눔 운동 등을 통하여 조직 구성원과 소통해야 한다.

넷째, 다른 조직에서 시행되고 있는 제도의 도입과 개선을 통해 군의 의사소통을 활성화하려는 노력이 필요하다고 할 수 있다. 군 내부에서 의사소통의 활성화를 위한 세부적으로 적용할 수 있는 제도를 예를 들자면 오픈도어 제도, 옴부즈맨 제도, 스피크업 제도, 고정처리 제도 등을 제시할 수 있을 것이다. 몇 가지 제도들에 대해서 간단히 소개해 보자면 다음과 같다.

오픈도어 제도란 모든 조직 구성원들이 조직에서 생활함에 있어서 그 어느 누구로부터 개인적인 조언을 구하고자 할 때, 조직 내 공통적 관심사항에 대하여 자신의 의견을 표명하고자 할 때나 새로운 창의적인 아이디어를 내고자 할 때 어떤 상위 관리자와도 이야기를 자유롭게 할 수 있는 권리를 보장하는 것이다. 또한 의견을 피력하였을 때에는 그로써 자신에게 불리한 결과가 발생되지 않도록 배려된 조직 내 의사소통을 칭하는 것을 오픈도어 제도라 한다. 군 조직 내 이러한 오픈도어 제도가 도입되려면 먼저 지휘관의 패러다임이 바뀌어야 하고 권위주의적 지휘성향을 과감히 배제해야 한다고 할 수 있다.

옴부즈맨 제도라는 것은 각종 민원을 중간자의 입장에 서서 불평이나 불만 등을 처리하고 감시하는 제도라고 정의할 수 있다. 옴부즈맨이란 일반 국민을 대신하여 기업이나 정부기관, 사회단체 등 다양한 조직의 활동을 감시하고 민원조사관으로 부당한 횡포를 견제하는 역할을 한다. 해군에서는 이미 사회 다원화에 따른 갈등의 증가에 능동적으로 대처하기 위해 양질의 행정 서비스 요구에 대응하여 제도개선을 통하여 민원 발생 원인에 관한 근본적 해결을 위해서 급식, 피복, 근무 환경등 복지제도 분야별로 옴부즈맨 제도를 도입하여 운영하고 있다.

의사소통 매체의 질을 향상하기 위해서는 보고체계 또한 단순화되어야 한다. 군 조직의 특성 상 모든 보고는 정식 계통과 경로를 통해 실시하도록 되어 있고 각 경로는 그에 맞는 절차와 형식을 요구하고 있다. 이렇듯 보고에 있어서 브리핑, 차트, 문서 등의 번거로운 준비가 결국 각 경로를 지날 때마다 내용이 왜곡되거나 제한, 차단되어 의사소통의 효율성을 저해시키고 있다. 효율적 의사소통을 위해서 정보의 신속한 입수, 전파, 및 복잡한 보고체제 역시 수정 및 보완되어야 할 것이다. 따라서 보고절차의 단계를 간편하고 간소화하여 보고 하는 방법에서도 비대면보고와 구두보고 등 다양한 보고시스템을 활용하고 정말 중요한 문건에 대해서만 대면보고를 실시한다는 상급자의 의식 전환과 의사소통의 문화 개선이 필요하다.

따라서 군 조직 내 구성원들은 보고절차를 정확하게 나누어 반드시 필요한 것은 대면보고, 그렇지 않은 것은 비대면 보고 및 구두보고, 현재 사용하고 있는 온나라 시스템의 메모보고, 문서보고 등의 기능을 활용하여 각종 보고와 전파 및 강조사항을 직접 대면하지 않더라도 업무의 효율성 차원에서 모든 기능을 활용하여 보고절차의 단계를 간소화할 필요성이 있고, 이는 군 조직 구성원 간의 효과적인 의사소통을 도와주게 될 것이다.

★ ★ ★ ★

전설의
마지막 페이지는
우리 손끝에

대한민국의 안보를 담당하고 있는 국군은 대한민국에서 가장 규모가 큰 집단이다. 2014년 기준으로 63만 9000여 명의 상비군과 427만 명의 예비군으로 구성되어 있으며 예산 또한 연간 40조 4766억 원을 사용하고 있다. 대한민국 인구의 약 10%가 국군에 소속되어 있으며 정부재정 대비 14.3%의 예산을 국군에서 소비하고 있는 것이다.

대한민국 국군에 이처럼 엄청난 국가의 역량이 집중되는 것은 당연하다. 바로 대한민국의 안보가 바람 앞의 등불과 같이 위태로운 상황이기 때문이다. 세계안보의 골칫덩어리인 북한은 여전히 대한민국의 자유민주주의 체제를 전복시키기 위해서 눈에 불을 켜고 있고 한반도를 둘러싸고 있는 동북아시아의 열강들 역시 군비경쟁을 멈출 생각을 하지 않고 있다. 이처럼 한반도를 둘러싼 안보 위협이 증대되는 가운데 대한민국 국민의 생명과 재산을 지키기 위해서는 결국 강력한 힘이 필수불가결한 것이 현실이다. 때문에 대한민국의 역량이 군에 집중되는 것이다.

6.25부터 가까이는 연평도 포격도발까지 대한민국 국군이 창립된 이래로 대한민국의 안위를 위하여 많은 선배 전우들이 그들의 목숨을 대한민국을 위하여 바쳤다. 또한 지금 군 생활을 하고 있는 수많은 전우가 그들의 뒤를 따라서 대한민국을 수호하기 위하여 노력하고 있다. 한강의 기적으로 대표되는 대한민국의 눈부신 발전은 보이지 않는 곳에서 대한민국을 위해 희생한 국군의 역할이 있었기 때문이다.

1. 각자의 마음속의 대한민국

내가 동기들과 함께 하계군사훈련을 하고 있을 때였다. 우리는 조상근 훈육장교님께 훈육을 받았는데 하루는 교양실에서 정신교육을 하시던 중이었다. 여기 앉아 있는 사람들 중에 장교로서 국가의 대우가 아닌 진정으로 국가를 위해 온 사람은 손을 들라고 하셨다. 나와 같이 훈육을 받고 있는 동기들은 아무도 손을 들지 못했다. 훈육장교님의 가르침이 있었던 이후 나는 깊게 생각해 보았다. 장교로서 군에 도전하여 나에게 주어진 업무를 어떻게 처리해야 할지만을 고민했던 나에게 그 시간은 뜻 깊은 시간이었다. 내 인생을 군에 헌신하고자 하는 마음은 있었지만 그저 훈육기간에 주입된 대한민국의 안보에 중심이며 호국의 간성(干城)이라는 장교의 의미만을 마음에 품고 군 생활을 하는 것은 내 인생을 그저 군에 맡기는 것이라는 생각을 하게 되었다. 장교라면 군을 만들어가야 하는 사람인데 생각 없이 따라가야 한다는 것이 내 자존감에 부정적인 효과를 줄 것으로 생각했기에 그 시간 이후부터 임관 할 때까지 내가 군 생활을 해야 하는 이유를 찾기 위해 노력했다. 그리고 그 이유는 내가 군 생활을 하는 동안 나에게 큰 의미가 되어주었으며 미래에도 그럴 것이라고 생각한다.

내가 궁극적으로 군 생활을 하는 이유는 내가 군 생활을 함으로 인해서 대한민국의 많은 사람들이 꿈을 이루기 위해서 노력할 수 있을 것이라고 생각하기 때문이다. 물론 모든 이들이 꿈꾸거나 바라는 삶을 살 수는 없겠지만 나는 그 기회가 누구에게나 주어져야 한다고 생각한다. 내가 군인으로서 꿈을 펼칠 수 있듯이 대한민국의 아이들이 나의 세대가 보장받았던 만큼의 기회를 가질 수 있도록 나는 노력할 것이다. 대한민국의 국민들이 언제나 편안한 먹거리와 지붕이 있는 잠자리에서 자신의 주변 사람들이 안전하고 건강하다는 것에 대한 충만한 만족감이 함께할 수 있도록 말이다.

나의 경험담을 기술했지만 군 생활을 하는 모두에게 군 생활의 의미란 매우 중요한 의미를 가진다. 병사들에게는 자신의 젊은 날 있었던 조국의 헌신에 대한 당위성을 일깨우게 되며 간부들에게는 사명감을 부여해주기 때문이다. 때문에 나는 이제 곧 군에 입대할 장병들에게 군 생활을 해야 하는 이유를 마음속에 가지고 만나자고 이야기한다. 장병들이 군 생활의 의미를 찾는다면 군 생활이 더 이상 괴롭기만 하지는 않을 것이라고 확신한다.

▶ 군 생활의 동기

내가 소대장을 할 때부터 부대로 전입 오는 병사들에게 항상 물어보는 것이 하나 있는데 그것은 '왜 군대에 왔느냐?'라는 질문이다. 답변은 천차만별이었는데 솔직하게 '징병제이기 때문에 끌려왔습니다'라고 이야기하는 병사도 있었고 '대한민국 남자라면 한 번은 꼭 거쳐야 하는 관문이기 때문입니다'라고 남자답게 이야기하는 병사들도 있었다. 하지만 대부분의 병사들은 이 질문에 명확한 대답을 하지 못했다.

병사들이 명확하게 대답을 하지 못하는 이유는 군 생활에 대한 동기가 없이 입대를 하기 때문이다. 정확하게 이야기하면 동기를 생각할 기회가 없었던 것이다. 마치 유치원생이 부모의 손에 이끌려 초등학교 입학식을 하는 것과 같은 상황인 것이다. 10살 미만의 학생도 아닌 고등교육을 받고 있는 학생들이 일정한 동기 없이 21개월이라는 긴 시간을 허비하게 되는 궁극적인 이유가 바로 여기에 있다. 그들에게는 동기가 없다. 그저 주변에서 '군대 빨리 가야 좋다'라는 말만 듣고 군역을 해결하기 위하여 군에 지원하고 들어오는 것이다.

20대 초반의 젊은 나이에 21개월이라는 시간은 가치 없이 허비하기에는 너무나 아까운 시간이다. 이상훈 씨가 집필한 『1만 시간의 법칙』이라는 책에서 보듯이 1만 시간과 적절한 재능이 합쳐지면 김연아, 안철수, 스티브 잡스와 같은 한 분야의 전문가가 될 수 있는 시간이다. 때문에 간부인 우리들이 병사들에게 동기를 생각할 수 있는 기회를 제공해 주어야한다. 많은 부대에서 이등병들이 전입 오게 되었을 때 진행하는 '비전캠프'와 같은 프로그램은 이러한 측면에서 긍정적으로 평가할 수 있다.

조금은 추상적일 수 있겠지만 병사들의 경우 군 생활에 대한 경험을 받아들임에 있어 물질적인 보상을 받기 어렵다는 것을 알았으면 한다. 일반적인 사람들의 경우 병사로서 군 생활을 마쳤을 때의 물질적 보상은 어디에도 없다. 어쩌면 그렇기 때문에 목적의식 없이 군 생활을 이어갈지도 모른다. 군 생활을 하면서 왜 이 일을 하고 있는지 전혀 모른 채로 말이다. 하지만 나는 그럼에도 대한민국의 청년들에게 군 생활은 충분히 의미있다고 이야기해주고 싶다. 군에서 원하는 것을 찾고 조직에 기여할 수 있는 길을 찾는 것은 그들의 인생에서 굉장히 중요한 예행연습이 될 수 있기 때문이다. 군에서 자신의 존재목적을 달성하기 위해 자신의 재능을 발휘하면서 조직에서 소중한 사람이 되는 경험은 돈으로 살 수 있는 경험이 아니다. 또한 주위 동료들과 같이 성장하면서 그들의 실패도 성공도 함께하며 서로서로 인생의 스승이 되어주고 되는 과정을 통해서 자긍심을 찾을 수 있을 것이라고 나는 생각한다.

▶ 자신에 대한 책임감

병사로서 군에 복무하다 보면 결정과 책임 모두 간부들이 짊어지고 가기 때문에 시키는 것만 잘하면 된다고 생각할 수도 있다. 그렇기 때문에 일과시간에는 간부의 통제에 따라서 억지로 일과를 하고 일과 이후에는 텔레비전에서 눈을 떼지 않고 P.X에서 배를 채우며 시간을 보내는 병사들이 많이 있다. 하지만 이는 근시안적인 생각이며 책임감이 결여된 잘못된 생각이다.

군에서 병사들은 비록 보잘 것 없는 존재라고 생각될 수 있겠지만 사회인이 되기 위한 준비를 꾸준히 하여야 한다. 군에 입대하였다고 자기계발을 멈추는 것이 아니고 군에서도 역시 성숙한 사회인이 되기 위한 준비를 해야 하는 것이다.

다원화된 사회에서 자신만의 경쟁력이 없는 개체는 도태되는 것이 순리이다. 병사들이 군에서 자기계발을 할 수 없다고 생각하는 것은 그들 스스로 도태되고 싶다고 마음속으로 지속적으로 다짐하는 것과 같다. 때문에 그러한 병사들은 자연스레 사회에서 멀어지게 된다. 자신이 되어야 함에도 타인과 같게 행동하는 것이다. 자신이 되어야 한다. 다른 사람은 이미 많이 있다.

달걀 껍질을 자신이 깨고 나오면 새로운 생명으로 다시 태어날 수 있지만 남이 깨어준다면 그것은 요리가 될 뿐이다. 만일 병사들이 군에서 자신을 만들어 가지 못한다면 작품이 될 수 없고 사회가 만들어내는 제품이 될 뿐이다. 누군가를 위한 삶이 아닌 자신을 위한 삶을 살기 위한 시작으로 20대 초반은 매우 적절한 시기이며 대한민국의 현실에서 그 시작은 군이 되어야만 한다. 때문에 군에서의 훈육의 실패는 대한민국의 실패에 귀결되게 되는 것이다.

병사들이 자신의 재능에 헌신하도록 만들기 위해서 간부로서 할 수 있는 첫 번째 단계는 솔선수범이다. 간부들 스스로가 과외 시간에 운동하거나 공부하는 모습을 보여주는 것은 병사들에게 무의식적으로 자기계발에 대한 의지를 불러일으킬 수 있다. 주말이나 일과가 끝난 시간에 남아서 자기계발에 힘쓰는 모습을 보여주어야 한다는 것이 아니다. 점심시간에 짬을 내서 책을 읽는 모습, 자율체력단련 시간에 추가적으로 달리기를 하는 모습 등을 병사들에게 보여주면 그들의 잠재의식 속으로 침투하기가 성공적으로 완수된 것이다. 그다음 단계는 군에서의 제한사항을 자연스럽게 해결해 주는 것이다. 영어공부를 하고 있는 병사에게 다가가서 필요한 교재를 물어봐서 대리구매를 해주는 것, 개인정비 시간에 달리기하는 병사에게 인터넷에서 런닝화를 대신 구매해서 주는 것 등이 그러한 방법이 될 수 있다.

병사들이 가만히 앉아서 하릴없이 텔레비전을 보는 것이 아까워 보이고 멍한 표정의 병사들이 마음에 들지 않는다면 그들에게 보여지는 간부 자신의 모습을 반성해야 한다. 혹시 간부 자신부터가 책을 쳐다보기도 싫고, 체력검정 임박한 때 아니면 체력단련 시간에 코빼기도 보이지 않는 간부인지 돌이켜보라. 십중팔구 병사들이 모습이 자신의 모습과 놀랄 만큼 닮았다고 느낄 것이다. 만일 간부 자신은 그렇지 않다면 병사들이 나름의 노력을 하고 있음에도 그 어려움을 헤아리지 못한 것은 아닌지 깊게 생각해 보아야 한다. 병사들이 성인이 되어서 대한민국을 위해서 자신의 재능에 헌신하기를 바란다면 간부 자신이 먼저 움직여야 한다. 그러다 보면 어느 순간 자신을 따라 하는 병사들의 똘망똘망한 눈망울을 볼 수 있을 것이다.

병사들이 자신의 삶에 책임을 질 수 있는 존재가 될 수 있느냐 없느냐의 갈림길은 간부들의 솔선수범에 있다고 해도 지나친 비유가 아니다. 가정에서 부모들이 솔선수범하여 가르치기 위해서 노력하겠지만 여건이 좋았던 가정과 여건이 불비한 군에서의 자기계발은 차원이 다른 일이다. 하지만 가정에서 자연스럽게 이루어지는 자기계발보다 군에서 자발적으로 이루어지는 자기계발이 병사들의 인생에서 더욱 중요하고 시기적절하다. 군에서 자기계발을 지속적으로 시도한 병사들은 힘든 상황에서도 자기계발을 이어갈 수 있다. 때문에 군에서 자신의 재능에 헌신하는 것을 배우는 것이 무엇보다 중요하다고 할 수 있다.

▶ 병사들의 자존감

나는 소대장 때 중대의 화생방정찰조를 지휘하는 임무를 가지고 있었는데 화생방정찰조 인원 중 한 명이 전역하게 되어서 신병 중에 새로운 적임자를 찾고 있었다. 시기적절하게 신병들이 들어왔고 그중에서 박 이병이 자신감 있어 보이고 똘똘해 보여서 그 박 이병의 의사를 물어본 뒤

화생방정찰조의 일원으로 임무를 수행시켰다.

박 이병은 업무는 물론이고 인간관계, 충성심, 군 생활의 의지 등등 부족한 점을 발견하기 어려울 만큼 임무 수행을 잘했다. 상병으로 조기 진급할 정도로 중대 내에서도 인정받는 인원이었다. 그러던 어느 날 사단에서 화생방정찰조를 평가한다는 계획이 전파되었고 나와 박 상병 역시 열심히 준비를 했다. 평가 당일 날 박 상병의 컨디션이 다소 안 좋았는지 박 상병이 실수를 하여 우리 중대의 평가결과가 그다지 좋게 나오지 못했다. 하지만 나는 우리가 평가를 체계적으로 잘 준비했고 준비하는 과정에서도 구성원들이 임하는 태도도 만족스러웠기 때문에 평가에 그다지 실망하지는 않았다.

하지만 문제는 박 상병이었는데 평가 이후에 의기소침한 표정을 계속 보여주던 박 상병이 며칠 뒤에 나를 찾아와서 화생방정찰조를 그만두고 싶다고 이야기하면서 울음을 보였다. 평소에 지기 싫어하고 상급자의 의도를 지나치게 의식한다는 것은 인식하고 있었지만 박 상병의 자존감이 안정적이지 못하고 낮다는 것을 제대로 파악하고 있지 못한 나의 불찰이었다. 박 상병 스스로 생각하고 행동할 수 있도록 적절한 권한을 주고 그 결과가 만족스럽든, 불만족스럽든 수용하고 다시 시작할 수 있는 방법을 가르쳐주지 못한 잘못이 나에게 있었던 것이다.

박 상병을 어르고 달래어 화생방정찰조 임무를 계속 시키긴 했지만 소극적으로 변해버린 박 상병이 이전처럼 임무 수행을 정상적으로 하기까지는 오랜 시간이 걸렸다.

필자가 임관 이후 지금까지 병력들을 관찰하면서 느낀 점이 많이 있지만 그중에서도 가장 시급하고 심각하다고 생각한 문제는 바로 불안정하고 낮은 병사들의 자존감이었다.

우리 병사들의 자존감이 낮은 이유는 여러 가지가 있겠지만 가장 중요한 원인은 입시 위주의 경쟁체계에서 상대적인 자신의 위치에 집중하다 보니 자신이 누구인지 자신이 무엇을 원하는 지 보다는 선생님이나 부모 등 상대적 절대자들의 의지에서 크게 벗어나지 못하기 때문이다. 그러다 보니 자신이 원하는 것보다는 상급자에게 집중하게 되고 결국 진정한 내가 누구인지, 원하는 것은 무엇인지를 찾아야 한다는 의식도 못한 상태로 지내게 되는 것이다. 홀로 무엇을 만들어 내지 못하는 것은 물론이고 상급자 없이는 아무것도 못하는 꼭두각시가 되어 버리는 것이다. 창의성, 독창성이 점차 중요한 요인으로 자리 잡고 있는 다원화된 현대사회에서 안정적인 자존감은 사회를 이끌어갈 주역이 될 것이냐 아니냐의 중요한 잣대일 수 있는 것이다.

그러므로 병사들을 훈육하는 우리는 병사들이 안정적이고 높은 수준의 자존감을 형성할 수 있도록 도와주어야 한다.

▶ 군인으로서의 사생관

사생관이란 죽음을 통한 삶의 견해라고 할 수 있다. 군인은 그 조직의 특수성 때문에 죽음을 준비해만 하는 집단인데 때문에 군인으로서 사생관을 확립하는 것은 매우 중요한 문제이다. 사생관을 가지고 있느냐, 없느냐는 임무 수행을 위해 죽을 수 있느냐, 없느냐는 문제와 직결되기 때문이다.

사생관이 확립되지 않는다면 그 이전에 준비를 아무리 완벽하게 했다고 하더라도 그것은 의미가 없는 것이다. 그 때문에 사생관을 함양하는 것이 중요한데 문제는 사생관을 함양하는 것이 생각보다 어렵다는 것이다. 유사시 자신의 목숨을 언제든지 버릴 수 있을 정도의 국가관과 자긍심 그리고 책임감이 있어야 하는데 지휘관부터 병사들까지 사생관을 가지기가 쉽지 않은 것이 사실이다. 국가를 위해 목숨을 바치는 것이 쉬운 결정일 리 만무하기 때문이다. 그렇다면 사생관을 확립하는 방법에는 어떠한 것이 있을까?

첫째로 부대원들이 같이 모여서 전쟁사에 대한 서로의 생각을 공유함으로써 전쟁을 간접 경험하는 방법이 있을 것이다.

둘째로 국가를 지키는 당위성에 대한 생각을 교육하는 방법도 있다.

셋째로 KCTC 등의 실전적인 훈련을 통해서 간접적으로 죽음을 체험하는 것도 좋은 방법이 될 것이다.

또한 이밖에도 사생관을 확립할 수 있는 다른 여러 가지 방법이 있겠지만 가장 좋은 방법은 전우애를 함양하는 것이다. 여러 전사들을 읽어보면 결국 병력들이 적과 싸우게 되는 것은 인접 전우와 함께여야 살 수 있다는 믿음이 있기에 상관의 명령에 따라 행동하게 되는 것이다.

전시에 병사들을 자신의 몸처럼 움직이게 하기 위해서는 평시에 그들에게 믿음을 주기 위한 노력을 해야 한다. 만일 그러지 못한다면 첫 총알에 사망하는 것은 적이 아니라 간부 자신이 될 것이다.

▶ 애국심에 대해서

지금 사회에서는 대한민국이라는 정치 공동체에 대한 민심이반이 크게 일어나고 있다. 잘못된 사회제도와 관행, 정부정책에 실망한 나머지 조국을 떠나 이민을 가려는 사람들이 증가하고 있다. 일부에서는 국가에게 받은 훈장을 반납하는 사례가 있기도 하다. 세금을 포탈하거나 혹은 세금을 덜 내기 위해서 무자료거래를 하는 것은 물론이고 세금을 축소 신고하는 자영업자들도 있다. 그리고 군에 직결되는 문제로 군에 가지 않기 위하여 병무 비리를 저지르는 사람들도 대거 적발되고 있고, 국회의원을 포함한 주요공직자들 가운데 석연치 않은 이유로 병역의 의무를 필하지 않은 사람들도 적지 않다.

오늘날 대한민국이란 국민에게 어떤 의미를 주고 있을까? 국민에게 세금이나 각종 규제만을 부과하는 조직으로 국민들은 생각하고 있지 않을까? 국민의 의사를 대표할 정치조직이나 정치가들도 많은 비리, 부패와 연루되어 국민의 냉소적 비난을 받고 있는 실정에서 국민의 민심은 애국심과는 거리가 멀게 보인다.

이처럼 국민의 애국심이 흔들리고 있는 상황이기 때문에 새로이 군에 수혈되는 신병들에게 애국심을 교육하는 것이 이전보다 더욱 어려워지고 또한 중요해지게 되었다. 그렇다면 어떠한 내용으로 병력들에게 애국심을 교육하여야 병사들이 공동체의 가치에 대한 존중과 헌신을 실천하고 분열된 국민들에게 대한민국의 진정한 가치를 일깨워 줄 수 있을까?

첫째는 애국심을 우리 사회의 구성원이 많이 가지면 가질수록 국가에 소속되어 있는 개인들이 더욱 많은 이익을 가질 수 있기 때문이다. 애국심은 행복을 추구하는 개인에 있어서 특정인을 위한 것이 아니라 사회 전체를 위한 것인데 이러한 상황에서 개인 또한 더 많은 행복을 가질 수 있기 때문이다.

둘째는 애국심을 가지는 것이 개인에게는 무한한 자부심을 줄 수 있기 때문이다.

마지막으로 애국심이란 대한민국의 국민이라면 누구나 가져야 할 핵심적인 도덕적 덕성이기 때문이다.

대한민국은 하나의 공동체이다. 우리는 이러한 공동체 안에서 살아가고 있는 것이다. 우리가 대한민국이라는 공동체로 묶여있는 이상 이해관계를 떠나서 정치적 헌신과 충성을 바쳐야 할 의무가 있다. 때문에 군인인 우리 역시 대한민국에 충성하고 헌신하여야 하는 것이다.

사실 군에서 지금까지의 애국심의 교육방향은 맹목적인 애국심을 강요했었다. 하지만 이제는 사려 깊은 애국심을 교육에 적용하여야 한다. 국가와 민족에 대한 사랑과 자긍심이 부재한 나라는 없지만, '나라를 사랑해야 하는 타당한 이유가 무엇일까?'를 고민하고 판단할 수 있는 교육이 되어야 한다. 나라 사랑의 방식으로서 나를 무조건 사랑하는 것이 중요한 것이 아니라 '어떻게' 사랑할 것인가를 깊이 사려하는 데서 찾아야 한다는 말이다.

▶ 통일을 준비해야 하는 우리

약 100년 전 우리 선조들은 민족을 단위로 한 국민국가를 설립하는 데 실패하였다. 그리고 그 대가로 일본에게 뼈아픈 식민통치를 당해야 했다. 피와 언어는 공유했지만, 공동의 가치를 지향하는 정치결사체로서 하나 된 근대 민족으로 진화하지 못한 것이다.

그렇게 시작된 식민통치기간 동안 우리 민족은 독립운동을 하면서 민족주의 진영과 공산주의 진영으로 분열되고 말았다. 그리고 광복도 우리 힘으로 얻지 못했기 때문에, 결국 우리는 남북분단과 동족상잔이라는 쓰라린 현실을 마주하게 되었다.

남북분단의 세계사적 원인이었던 냉전 붕괴 후, 30여 년이 지난 오늘까지도 분단국으로 남아있는 우리는 아직 통일국가를 이루지 못하고 있다. 그 결과 이산가족의 고통은 말할 것도 없고, 문화적 이질화로 인한 민족 정체성의 훼손, 자원의 분할로 인한 경제적 손실 그리고 군사적 대립으로 인한 안보 위협과 국력의 낭비 등 많은 문제점이 드러나고 있다. 특히 북한은 천안함 피격사건, 목함지뢰 도발, 수차례에 걸친 핵실험, 장거리 탄도 미사일 발사 등 전쟁 위협을 지속하고 있다.

한반도의 평화를 보장하고, 3대 세습의 공산 독재체제 아래서 극심한 기아와 기본적 인권을 박탈당한 채 비참한 삶을 이어가고 있는 북한 주민의 해방을 위해서라도, 통일은 반드시 이뤄져야 한다.

통일을 위한 대한민국의 경제적·사회적인 준비는 이미 완성되어 있다. 대한민국은 경제규모에서 세계 15위 국가로 올라섰고 선진경제국들의 모임인 OECD 회원국이 되었으며, 세계질서를 주도하는 G20 국가집단의 일원이 되었다. 1인당 GDP 또한 2만 달러의 소득수준을 자랑한다. 대한민국은 전 세계 192개국 중 188개국과 국교를 맺고 있고, 세계 모든 나라와 교역하는 세계 6위의 교역대국이 되었다. 대한민국 여권을 가진 국민은 192개국 중 네 나라를 제외한 모든 나라를 여행할 수 있는 당당한 세계시민이 되었다.

만약 통일로 단일 경제권이 형성되어 남한의 자본과 기술이 북한의 노동력과 자원과 결합하게 되면, 우리는 새로운 성장 동력을 얻게 될 뿐만 아니라, 대륙과 해양을 잇는 세계 경제의 중심지로 도약할 수 있을 것이다. 이 밖에도 대외적으로 국가신용등급과 국가 브랜드 가치를 높여 '코리아 디스카운트'에서 벗어나 '코리아 프리미엄'이라는 새로운 가치를 창출해 낼 수 있을 것이다.

근대 국민국가를 만들고 제국주의 열강의 침입에 맞서 나라 지키기라는 이중의 과제를 짊어졌던 한 세기 전 선열들처럼, 오늘의 우리도 같은 시대 다른 나라 사람보다, 훨씬 무거운 책무를 어깨에 짊어지고 있다. 하나는 통일된 국민국가를 세우는 것이고, 다른 하나는 양성평등 사회와 동아시아와 더불어 사는 지역 공동체를 만드는 것이다.

오래지 않아 현실이 될 통일조국의 미래상은 남한의 국민과 북한의 인민이 진정으로 하나 되는 나라를 이룩하고, 피부색·계급·성별과 같은 모든 사회·문화적 울타리를 넘어 '자유민주주의 체제 아래 하나의 시민으로 살아가는 다원화된 사회'일 것이다. 실패한 국가인 북한, 개인의 인권을 희생하는 1인 지배 전제 정치체제를 가진 북한, 붕괴된 계획경제의 북한이 통일을 주도하게 할 수는 없다. 그런 의미에서 대한민국은 북한 동포까지 포함한 우리 민족 성원 모두의 앞날을 이끌어줄 나라라는 책임을 가져야 한다.

이러한 통일조국의 도래를 위해 우리 모두는 나라를 빼앗긴 뼈저린 역사를 다시 쓰지 않도록, 국방력과 경제력의 기르고, 나아가 물질적 풍요만이 아닌 정신적 측면에서 품위를 겸비한 통일조국의 도래를 위해 한마음 한 뜻으로, 한 걸음 한 걸음 나가야 할 것이다.

2. 우리 군이 궁극적으로 추구하는 가치

대한민국은 헌법전문에서 밝혔듯이 '우리와 우리들의 자손의 안전과 행복을 영원히 확보할 것을 다짐'하고 있다. 그리고 '밖으로는 항구적인 세계평화와 인류공영에 이바지할 것'을 다짐한다. 이처럼 우리 군은 대한민국의 안보와 세계평화에 이바지하는 것을 존재 이유로 삼고 있는 조직인 것이다. 그렇다면 우리가 해외파병을 하는 구체적인 이유는 무엇일까?

첫 번째 이유는 유엔과 한미동맹에 의한 국제협력 달성을 위해서이다. 1945년에 결성된 유엔이 최초의 다국적군을 파병한 곳이 바로 대한민국이었다. 대한민국이 김일성의 기습 남침으로 국가적 위기에 봉착했을 때, 기꺼이 손을 내밀어 우리를 도와준 것이다. 유엔군의 도움으로 우리는 영토를 수복할 수 있었고, 지금의 대한민국을 일구어낸 역사적 전환점이 되었다.

두 번째는 국익 창출이다. 외국에 군을 파견하는 것이 국익과 어떤 상관이 있을까? 국군은 최초의 국산 경공격기 FA-50을 이라크와 필리핀에 수출하였는데 이 나라들은 우리나라가 국군을 파병했던 국가이다. 이라크에는 서희·제마·자이툰·다이만부대를, 필리핀에는 아라우부대를 파병한 바 있다. 파병을 통해 쌓은 국가 간 신뢰가 방산 수출로 이어져 큰 국익을 창출해낸 것이다.

세 번째는 인류애 실현을 통한 민간협력 창출이다. 우리는 지금 인터넷 상거래 사이트에서 동티모르 커피를 살 수 있다. 동티모르 커피의 연관검색어는 '착한 커피' 또는 '피스(PEACE) 커피'다. 이른바 '공정무역'을 통해 수입되었다는 뜻이다. 동티모르인들이 자생력을 갖출 수 있도록 도와준 이들이 바로 동티모르에 파병되었던 상록수부대였다.

한국이 평화애호국가이며 세계평화질서 구축에 적극적으로 참여하는 나라임을 세계에 확인시켜 두는 것은 한국의 안보환경 개선에 크게 도움이 된다. 한국이 곤경에 처할 때 국제사회의 호의적 여론으로 여러 나라로부터 도움을 얻을 수 있기 때문이다.

국군의 첫 해외파병은 1964년 실시한 베트남 파병이다. 1973년까지 연인원 4만 8천여 명의 병력이 파견되었다. 베트남 파병은 여러 가지 효과로 국가발전에 많은 긍정적인 영향을 미쳤다.

1991년 우리나라가 유엔의 정식 회원국이 된 이후, 국군의 해외파병은 확대되었다. 유엔의 일원으로 첫 해외파병을 한 것은 1993년 소말리아에 250명 규모의 공병 부대를 보낸 것이다. 이후 서부 사하라에 의료지원단, 앙골라에 공병 부대를 보냈으며, 지금까지 20년 동안 연인원 4만여 명을 세계 각국에 파병했다.

근래에는 파병 초기 군사적 지원을 넘어, 민사적 지원도 활발하게 제공하고 있다. 현지 주민들에게 생계 지원과 더불어 생업으로 삼을 수 있는 기술을 전수하기도 한다. 레바논에 파견된 동명부대는 레바논학생들을 국내로 초청하여 한국의 발전상을 직접 보여주기도 했다. 특히 견학 중 용인민속촌을 방문하여 초가집을 보여주고, 얼마 전만 해도 우리가 이런 집에 살았으나, 열심히 노력한 결과 오늘날의 대한민국이 되었다면서 그들에게 희망을 심어주었다.

2010년도 이후에는 아이티 지진 피해와 필리핀 태풍 피해 복구를 위해 단비부대, 아라우부대를 각각 파병했다. 그리고 아랍에미리트(UAE)에 파견된 아크부대는 국군의 전투기술을 UAE군에 전수하고 있다. 현재에도 전 세계 13개 국가에 1,100여 명 정도의 병력이 파견되어 임무를 수행 중이다. 이들은 지금 이 순간에도 대한민국의 국격을 높이고 있다.

최근 우리 군은 유엔 평화활동의 강화를 위한 국제사회의 노력에 적극 동참할 것임을 시사했다. 특히 우리 군은 '진정한 평화는 사람의 마음속에서 싹튼다'는 생각으로 지역사회와의 유대강화에 중점을 둔 특유의 안정화 활동을 펼쳐왔다. 이처럼 군인이 존재하는 궁극적인 목표인 세계 평화를 위해 앞으로도 우리 군은 지역을 가리지 않고 많은 이들의 가슴속에 평화의 씨앗을 심을 것이다. 그리고 그 활동을 통해서 대한민국의 안보를 더욱 굳건히 지킬 것이다.

에필로그

　군 생활을 오래 하신 중견간부들은 요즘 병사들이 이전병사들보다 약해졌고 군기도 빠졌다는 이야기를 많이 하신다. 물론 그 때문에 전투력 또한 눈에 띄게 약해졌다는 의견 또한 피력하는 것을 군 생활을 하면서 종종 들었다. 하지만 군의 원로들이 초급간부로서 군 생활을 했던 70, 80년대의 수많은 대침투작전은 군기가 이완되어 대부분 실패로 끝난 반면, 2002년에 있었던 2차 연평해전과 2010년에 있었던 연평도 포격도발에서는 어느 한 병사도 숨거나 도주하지 않고 끝까지 사격하여 응전했다. 우리의 병사들은 나약하지도 않으며 그들의 군기가 이전보다 이완되지도 않았다. 병사들을 부정적인 시각에서 볼 것이 아니라 그들의 특징을 이해하고 올바르게 지도해야 한다는 것이다.

　현재의 우리 군은 최하위 구성원인 병사들부터 합리성과 효율성을 추구한다. 또한 조직의 의사결정에 참여하고 싶어 하며, 조직의 가치와 사고를 공유하기를 희망한다. 스스로 합리적이라고 생각하고 각 개인이 의사결정에 참여할 수 있다면 유사시 죽음도 불사할 수 있는 이들이 바로 우리와 같이 군 생활을 하고 있는 병사들인 것이다.

　사실 수없이 많은 간부들이 업무가 잘되지 않으면 사소한 잘못을 저지른 병사들을 탓한다. 병사들은 그들 나름대로 최선을 다했는데 백 가지 잘한 점보다 한 가지 잘못된 것이 부각되는 것이다. 이 책을 읽은 간부들(혹은 될)은 병사들의 군에 대해서 헌신하려는 의지를 긍정적으로 바라보고 그들의 위에서가 아니라 그들의 옆에서 임무를 수행했으면 한다.

러일전쟁에서 세계최강의 함대인 러시아 함대가 보잘 것 없는 일본의 함대에 참패한 것은 일본 장교들이 사병들과 동숙하며 솔선수범을 보인 반면 러시아 장교들은 사병들을 농노 다루듯이 했기 때문이다. 우리 간부들 역시 솔선수범을 통하여 다시금 정진하여야 할 것이다.

미래의 대한민국을 만들어 가는 것은 우리가 길러내는 병사들이다. 군 생활이 그들의 새로운 인생의 시발점이 될 것인지 아니면 적자생존의 학원 교육의 연장선이 될 것인지는 전적으로 간부들의 의지에 달려있다. 후세에게 더욱 많은 기회를 줄 수 있는 대한민국을 그들이 만들 수 있도록 우리들이 도와야 한다. 우리 병사들의 감춰져 있는 잠재력이 발현된다면 대한민국은 세계 일류국가가 될 수 있다. 대한민국이란 전설의 마지막 페이지는 우리에게 달려있다.

2016 재구중대

대위 서준혁	중위 최재석	중위 이인재	중위 진영석	중위 김충만
소위 김정훈	소위 이경수	상사 원선무	상사 이현진	상사 이동우
중사 이상준	중사 황진수	중사 천현호	중사 박영철	중사 김성수
중사 심성보	중사(진) 이명현	중사(진) 문인성	하사 이선종	하사 임승택
하사 임규남	하사 이종환	하사 박지성	하사 김명규	
병장 이재경	병장 김현수	병장 구정환	병장 김상우	병장 이준엽
병장 고동환	병장 문종찬	병장 윤승영	병장 김덕규	병장 유동연
병장 문대영	병장 장대근	병장 신동철	병장 이관형	병장 신재현
병장 김동현	병장 김준형	병장 유재형	병장 양광모	병장 김동주
병장 조용석	병장 홍시영	병장 오정민	병장 우찬식	병장 송제혁
병장 황보훈	병장 김백현	병장 안경식	상병 김진수	상병 김동휘
상병 정민균	상병 한우빈	상병 유종범	상병 김성준	상병 황기정
상병 남우식	상병 양창민	상병 김병진	상병 김주영	상병 최상기
상병 송승환	상병 우종현	상병 박연호	상병 하윤수	상병 안해성
상병 최슬빛	상병 최성훈	상병 안정규	상병 강병철	상병 이후운
상병 김민겸	상병 박주형	상병 황병권	상병 조인규	상병 이준화
상병 박한울	상병 송기우	상병 김웅호	상병 윤희봉	상병 강 철
상병 정태성	상병 이상호	상병 권혁진	상병 조원호	상병 정 현
상병 조형준	상병 손명진	상병 김성민	상병 김진현	상병 최진영
상병 송동근	상병 윤종운	상병 김명한	상병 박성준	상병 김대환
상병 차희승	일병 조우영	일병 전혁주	일병 김석진	일병 이창훈
일병 부영건	일병 김형준	일병 박민형	일병 김민우	일병 이태준
일병 최유태	일병 안재모	일병 김현진	일병 김준우	일병 안혁진
일병 제갈민	일병 조항빈	일병 윤준식	일병 한현수	일병 임동규
일병 김민균	일병 조금산	일병 박재형	일병 윤형용	이병 공동혁
이병 박영묵	이병 이기홍	이병 김진곤	이병 김민우	이병 신동완
이병 임철원